ullstein

Das Buch

Nie hätte Abdel Sellou gedacht, dass sein Leben eines Tages für einen erfolgreichen Film herhalten würde. Aber »Ziemlich beste Freunde«, die Geschichte seiner Freundschaft mit Philippe Pozzo di Borgo, begeisterte Millionen Zuschauer. Wer ist der Mann, der dem querschnittsgelähmten Millionär neue Lebensfreude schenkte? Jahrelang hat Abdel Sellou zu seiner bewegten Vergangenheit geschwiegen. Jetzt spricht er selbst.

Der Autor

Abdel Yamine Sellou wurde 1971 in Algier/Algerien geboren und kam im Alter von vier Jahren nach Paris, wo er schon als Jugendlicher auf die schiefe Bahn geriet. Mit Anfang zwanzig stellte ihn Philippe Pozzo di Borgo als Pfleger ein – der Beginn einer großen Freundschaft, die beide Männer bis heute verbindet. Sellou ist verheiratet und Vater dreier Kinder, er lebt in Algerien und Paris.

Abdel Sellou

EINFACH FREUNDE

Die wahre Geschichte des Pflegers Driss aus
ZIEMLICH BESTE FREUNDE

Mit einem Nachwort von
Philippe Pozzo di Borgo

Unter Mitarbeit von Caroline Andrieu

Aus dem Französischen von
Patricia Klobusiczky und Lis Künzli

Ullstein

Besuchen Sie uns im Internet:
www.ullstein-taschenbuch.de

Das Buch von Philippe Pozzo di Borgo erschien als Neuausgabe unter dem Titel *Le second souffle suivi du diable gardien* 2011 bei Bayard, die deutsche Ausgabe unter dem Titel: *Ziemlich beste Freunde. Das zweite Leben des Philippe Pozzo di Borgo. Die wahre Geschichte zum Film* (Hanser Berlin, 2012).

Deutsche Erstausgabe im Ullstein Taschenbuch
1. Auflage März 2012
4. Auflage 2012
© für die deutsche Ausgabe Ullstein Buchverlage GmbH, Berlin 2012
© Michel Lafon Publishing 2012
Titel der französischen Originalausgabe: *Tu as changé ma vie*
Umschlaggestaltung: Zero Werbeagentur, München
Titelabbildung: © QUAD – Thierry Valletoux
Filmplakat auf dem Aufkleber: © Senator Film
Abbildung auf der Umschlagrückseite: © Yves Ballu
Satz: Pinkuin Satz und Datentechnik, Berlin
Gesetzt aus der Dorian
Papier: Pamo Super von Arctic Paper Mochenwangen GmbH
Druck und Bindearbeiten: CPI – Ebner & Spiegel, Ulm
Printed in Germany
ISBN 978-3-548-28518-4

Für Philippe Pozzo di Borgo

Für Amal

Für meine Kinder, die ihren eigenen
Weg finden werden

Ich rannte um mein Leben. Damals war ich in Topform. Die Jagd hatte in der Rue de la Grande-Truanderie begonnen – Straße der großen Gaunerei, so was fällt auch nur dem Leben ein. Eben hatte ich zusammen mit zwei Kumpels einem armen Bonzensöhnchen den Walkman abgenommen, einen klassischen, eigentlich schon veralteten Sony. Ich wollte dem Jungen gerade erklären, dass wir ihm im Grunde einen Gefallen taten, sein Papa würde ihm gleich einen neuen, viel tolleren Walkman kaufen, leichter zu bedienen, mit besserem Sound und längerer Spieldauer ... Aber dafür war keine Zeit.

»Achtung!«, brüllte jemand.

»Halt, stehen bleiben!«, ein anderer.

Wir liefen los.

In der Rue Pierre-Lescot schlängelte ich mich mit beeindruckendem Geschick zwischen den Passanten durch. Das hatte echt Stil. Wie Cary Grant in *Der unsichtbare Dritte*. Oder wie das Frettchen aus dem alten Kinderlied, wobei es sich in meinem Fall ganz bestimmt kein zweites Mal blicken lassen würde ... Als ich rechts in die Rue Berger einbog, wollte ich mich zunächst in das unterirdische Einkaufszentrum von Les Halles verziehen. Keine gute Idee, die Treppen am Eingang waren gestopft voll. Ich also links in die Rue des Bourdonnais. Vom Regen waren die Pflastersteine nass, ich wusste nicht, wer von uns die rutschfesteren Sohlen hatte, die Bullen oder ich. Meine haben mich nicht im Stich gelassen. Ich war Speedy Gonzales, flitzte davon wie die schnellste Maus von Mexiko, gleich zwei böse Kater auf den Fersen, die mich verschlingen wollten. Ich hoffte nur, dass auch dieses Abenteuer enden würde wie im Zeichentrickfilm. Am Quai de la Mégisserie holte ich fast einen meiner Kumpels ein, der mit einer Sekunde Vorsprung gestartet war und besser sprinten konnte als ich. Ich düste hinter ihm her zur Brücke Pont Neuf, verringerte weiter den Abstand. Hinter uns verhallten allmählich die Rufe der Polizisten, anscheinend machten sie schon schlapp. Kein Wunder, schließlich waren wir die Helden … Einen Blick über die Schulter hab ich allerdings nicht riskiert.

Ich rannte um mein Leben, und bald drohte mir die Puste auszugehen. Die Beine wollten nicht mehr, bis Denfert-Rochereau würde ich es auf keinen Fall schaffen. Um die Sache abzukürzen, bin ich über die Brückenbrüstung geklettert, die Fußgänger vorm Sturz in die Fluten bewahren soll. Ich wusste, dass auf der anderen Seite ein etwa fünfzig Zentimeter breiter Vorsprung war. Fünfzig Zentimeter – mehr brauchte ich nicht. Damals war ich rank und schlank. Ich hockte mich hin, blickte auf das schlammige Wasser der Seine, die wie ein reißender Strom Richtung Pont des Arts floss. Die Absätze der Bullenstiefel klapperten immer lauter auf dem Asphalt, ich hielt die Luft an und hoffte, dass der ansteigende Lärm bald wieder verebben würde. Ich hatte keine Angst zu fallen, war mir der

Gefahr gar nicht bewusst. Zwar hatte ich keine Ahnung, wo meine Kumpels steckten, aber ich baute darauf, dass sie ebenfalls rasch ein sicheres Versteck finden würden. Die Bullen zogen weiter, und ich lachte mir ins Fäustchen. Plötzlich tauchte unter mir ein Lastkahn auf, vor Schreck hätte ich fast das Gleichgewicht verloren. Ich wartete noch einen Moment, bis ich wieder normal atmen konnte, ich war durstig, eine Cola wäre jetzt genau das Richtige gewesen.

Ich war kein Held, schon klar, aber ich war fünfzehn Jahre alt und hatte stets wie ein Tier in freier Wildbahn gelebt. Hätte ich damals über mich sprechen, mich über Sätze, Adjektive, Attribute und die ganze Grammatik definieren müssen, die man mir in der Schule eingetrichtert hatte, wäre ich ziemlich aufgeschmissen gewesen. Nicht, dass ich mich nicht ausdrücken konnte, im Mündlichen schnitt ich immer gut ab, aber dafür hätte ich kurz innehalten müssen. In den Spiegel sehen, einen Moment lang still sein – was mir bis heute, mit über vierzig Jahren, schwerfällt – und in mich hineinhorchen. Wahrscheinlich hätte mir das Ergebnis meiner Überlegungen nicht gefallen. Warum sollte ich mir das antun? Niemand verlangte so was wie eine Selbsteinschätzung von mir, weder zu Hause noch in der Schule. Für drohende Fragen hatte ich ohnehin einen untrüglichen Riecher. Sobald ich ein Fragezeichen witterte, suchte ich das Weite. Als Teenager war ich ein guter Läufer, mit wohltrainierten Beinen. Rennen musste ich oft genug.

Jeden Tag war ich auf der Straße. Jeden Tag lieferte ich

der Bullerei einen neuen Grund, mich zu verfolgen. Jeden Tag sauste ich wie ein geölter Blitz von einem Viertel zum nächsten, die Hauptstadt war für mich ein großartiger Vergnügungspark, in dem alles erlaubt war. Jedes Spiel hatte nur ein Ziel: alles schnappen, ohne selbst geschnappt zu werden. Ich brauchte nichts. Ich wollte alles. Die Welt war ein riesiger Laden, in dem alles, was mir gefiel, kostenlos zu haben war. Falls es Regeln gab, kannte ich sie nicht. Niemand hatte sie mir beigebracht, als dafür noch Zeit war, später ließ ich einfach nicht zu, dass diese Bildungslücke gefüllt wurde. Sie kam mir sehr gelegen.

Im Oktober 1997 wurde ich von einem Sattelschlepper umgefahren. Hüftfraktur, das linke Bein in Trümmern, eine schwere Operation und wochenlange Reha in Garches, in einer Klinik westlich von Paris. Ich hörte auf zu laufen, nahm ein wenig zu. Drei Jahre vor diesem Unfall hatte ich einen Mann kennengelernt, der seit einem Gleitschirmunfall an den Rollstuhl gefesselt war, Philippe Pozzo di Borgo. Jetzt waren wir eine Zeitlang gleichauf. Invaliden. Als Kind hatte ich mit dem Wort nichts weiter als die Gegend rund um die Metrostation *Invalides* verbunden, eine Grünfläche, breit genug, um Streiche auszuhecken und gleichzeitig nach Uniformierten Ausschau zu halten. Ein idealer Spielplatz. Mit dem Spielen war es nun vorbei, zumindest für eine Weile, aber Pozzo würde lebenslänglich querschnittsgelähmt bleiben. Letztes Jahr sind wir beide die Helden eines fabelhaften Films geworden, *Ziemlich beste Freunde*. Plötzlich will jeder mit uns befreundet sein! Im Film bin ich nämlich ein richtig cooler

Typ. Ich habe makellose Zähne, bin immer gut drauf, lache gern und viel, kümmere mich hingebungsvoll um den Mann im Rollstuhl. Ich tanze wie ein Gott. All die Dinge aus dem Film – Verfolgungsjagden im Luxusschlitten auf der Stadtautobahn, Gleitschirmfliegen, Nachtspaziergänge durch Paris – haben Pozzo und ich wirklich gemacht. Aber das ist nicht mal ein Bruchteil von dem, was wir gemeinsam erlebt haben. Ich habe nicht viel für ihn getan, jedenfalls weniger als er für mich. Ich habe seinen Rollstuhl geschoben, ihn begleitet, soweit möglich seinen Schmerz gelindert, ich war für ihn da.

Ich war noch nie einem so reichen Mann begegnet. Er stammte aus einem alten Adelsgeschlecht und hatte es in seinem Leben auch selbst zu was gebracht: Er hatte mehrere Universitätsabschlüsse, war Geschäftsführer des Champagner-Imperiums Pommery. Ich habe von unserer Bekanntschaft profitiert. Er hat mein Leben verändert, nicht ich seins, oder höchstens ein bisschen. Der Film hat die Wahrheit beschönigt, um die Leute zum Träumen zu bringen.

Ich sag's lieber gleich: Ich habe kaum Ähnlichkeit mit dem Kerl im Film. Ich bin klein, Araber, nicht gerade zartbesaitet. Früher habe ich eine Menge hässliche Dinge getan, die ich gar nicht rechtfertigen will. Aber jetzt kann ich davon erzählen: Sie sind verjährt. Ich wurde mit den Unberührbaren verglichen, aber mit den echten Parias, den Unberührbaren in Indien, die ein Leben lang arm und ausgeschlossen bleiben, habe ich nichts gemein. Wenn ich einer Kaste angehöre, dann ist es die der Unbeherrschbaren, und ich bin eindeutig ihr Anführer. Das ist meine Persönlichkeit: Ich bin eigensinnig, sträube mich gegen jede Form von Disziplin, Vorschrift und Moral. Ich will mich nicht rechtfertigen, aber ich will mich auch nicht besser darstellen. Man kann sich schließlich auch ändern. Dafür bin ich der beste Beweis ...

Kürzlich bin ich über den Pont Neuf gegangen, das Wetter war ungefähr so wie damals an dem Tag, als mir die zwei Polizisten nachhetzten. Es nieselte, und die penetranten Regentropfen fielen auf meinen kahlen Schädel, während der kühle Wind durch meine Jacke drang. Wie schön mir diese zweiteilige Brücke jetzt vorkam, die die Île de la Cité mit den beiden Stadtufern verbindet. Ich war von ihren Ausmaßen beeindruckt, sie ist gut 20 Meter breit, hat bequeme Gehwege und balkonartige Vorsprünge über den Pfeilern, die den Fußgängern freien Blick auf das Seine-Panorama gewähren ... völlig gefahrlos. Darauf muss man erst mal kommen! Ich habe mich über die Brüstung gebeugt. Der Fluss durchströmte Paris so schnell wie ein galoppierendes Pferd, grau schillernd wie ein Gewitterhimmel, bereit, die ganze Stadt zu verschlingen. Als Kind wusste ich nicht, dass selbst ein hervorragender Schwimmer kaum dagegen ankommt. Ich wusste auch nicht, dass rund zehn Jahre vor meiner Geburt rechtschaffene Franzosen Dutzende von Algeriern ins Wasser geworfen hatten. Obwohl diese Franzosen ganz genau wussten, wie gefährlich die Seine ist.

Ich habe den Vorsprung betrachtet, auf dem ich so wagemutig vor den Bullen in Deckung gegangen war, nachträglich überlief mich ein Schaudern. Ich dachte, dass ich mich heute niemals trauen würde, über die Brüstung zu klettern. Doch vor allem dachte ich, dass ich heute keinen Grund mehr habe, mich zu verstecken oder wegzurennen.

I

SCHRANKENLOSE FREIHEIT

1

An Algier, meine Geburtsstadt, habe ich keine Erinnerung. Ihre Düfte, Farben, Geräusche habe ich alle vergessen. Ich weiß nur, dass ich mich nicht fremd gefühlt habe, als ich 1975 mit vier Jahren nach Paris gekommen bin. Meine Eltern haben mir erklärt:

»Das ist dein Onkel Belkacem. Das ist deine Tante Amina. Von jetzt an bist du ihr Sohn. Du bleibst bei ihnen.«

In der Küche ihrer winzigen Zweizimmerwohnung roch es wie zu Hause nach Couscous und Gewürzen. Es war nur etwas weniger Platz, was auch daran lag, dass ich im Doppelpack mit meinem ein Jahr älteren Bruder angeliefert worden war. Unsere ältere Schwester war in der Heimat geblieben. Ein Mädchen macht sich viel zu nützlich, das gibt man nicht her. Sie sollte meiner Mutter helfen, meine beiden jüngeren Geschwister zu versorgen. So behielten die Sellous von Algier immerhin noch drei Kinder, das war genug.

Ein neues Leben und lauter Neuigkeiten. Erstens: Mama ist nicht mehr Mama. Ich darf sie nicht mehr so nennen. Ich darf nicht einmal mehr an sie denken. Mama, das ist jetzt Amina. Die überglücklich ist, auf einen Schlag zwei Söhne zu haben, nachdem sie sich so lange vergeblich Nachwuchs gewünscht hat. Sie streicht uns übers Haar, sie nimmt uns auf den Schoß, küsst unsere Fingerspitzen, schwört, dass es uns nicht an Liebe fehlen wird. Bloß, dass wir keinen blassen Schimmer haben, was Liebe ist. Man hat uns immer gefüttert, gewaschen und in Fiebernächten bestimmt auch im Arm gehalten, aber das war doch keine große Sache, sondern das Natürlichste der Welt. Ich beschließe, dass es hier genauso sein soll.

Zweitens: Algier ist weg. Jetzt leben wir in Paris, am Boulevard Saint-Michel, im Herzen der französischen Hauptstadt, und auch hier können wir draußen spielen. Auf der Straße scheint's ein bisschen kühler zu sein. Wonach riecht das hier? Knallt die Sonne hier so erbarmungslos auf den Asphalt wie in meiner Heimatstadt? Hupen die Autos genauso laut? Mal schauen, meinen Bruder im Schlepptau. Auf der lächerlich kleinen Grünfläche vorm Hôtel de Cluny fällt mir nur eins auf: Die anderen Kinder sprechen nicht so wie wir. Mein dummes Brüderchen klebt an mir, als hätte er vor ihnen Angst. Der Onkel, der neue Vater, redet uns in unserer Muttersprache gut zu. Französisch, sagt er, werden wir in der Grundschule schnell lernen. Unsere Schulranzen stehen bereit.

»Morgen müsst ihr früh raus, Kinder. Ist aber noch lange kein Grund, mit den Hühnern schlafen zu gehen. Bei uns gehen sie nicht schlafen!«

»Bei uns, Onkel? Aber wo bei uns? In Algerien? In Algerien gehen die Hühner nicht schlafen, stimmt's?«

»Jedenfalls später als die Hühner in Frankreich.«

»Und was ist mit uns, Onkel? Wo ist bei uns?«

»Ihr seid algerische Küken auf einem französischen Bauernhof!«

Drittens: Ab sofort wachsen wir in einem Land auf, dessen Sprache wir noch lernen müssen, aber wir werden bleiben, was wir schon immer waren. Ziemlich kompliziert für so kleine Jungs, und ich verweigere jetzt schon jede geistige Anstrengung. Mein Bruder versteckt den Kopf in den Händen, schmiegt sich noch enger an meinen Rücken. Der geht mir vielleicht auf die Nerven ... Was mich betrifft – ich weiß zwar nicht, was mich in einer französischen Schule erwartet, geh das aber mit der Devise an, nach der ich auch die kommenden Jahre leben werde: Was kommt, das kommt.

Damals ahnte ich nichts von dem Chaos, das ich im Hühnerhof anrichten würde. Ich führte nichts Böses im Schilde. Ich war das unschuldigste Kind der Welt. Im Ernst: Es fehlte nur noch der Heiligenschein.

Es war das Jahr 1975. Die Autos, die über den Boulevard Saint-Michel rauschten, hießen Renault Alpine, Peugeot 304, Citroën 2CV. Der Renault 12 wirkte bereits furchtbar altmodisch, ein bescheidener Renault 4 wäre mir im Zweifelsfall lieber gewesen. Damals konnte ein kleiner Junge die Straße ganz allein überqueren, ohne gleich von der Jugendschutzpolizei aufgegriffen zu werden. Die Stadt, die öffentlichen Plätze, die Freiheit galten nicht per se als gefährlich. Natürlich traf man ab und zu auf einen Typen, dem Suff und Erschöpfung den Rest gegeben hatten, aber man respektierte seine Art zu leben und ließ ihn in Ruhe. Niemand fühlte sich in irgendeiner Weise dafür verantwortlich. Und selbst die weniger Betuchten machten gern ein paar Centimes locker.

Im Wohnzimmer, das den Eltern seit unserer Ankunft auch als Schlafzimmer diente, machten mein Bruder und ich uns breit: zwei Paschas mit Schlaghosen und Riesenkragen. Im Fernsehen liefen Schwarzweißbilder von einem dürren kleinen Glatzkopf, der vor Wut tobte, weil er Fantômas nicht zu fassen kriegte. Ein anderes Mal tanzte der kleine Mann in der Rue des Rosiers und gab sich als Rabbiner aus. Ich hatte nicht die geringste Ahnung, was ein Rabbiner und was genau an dieser Situation so komisch war, trotzdem machte mir dieses Spektakel Spaß. Die beiden Erwachsenen betrachteten ihre nagelneuen Kinder, die sich vor Lachen kringelten. Daran hatten sie noch viel mehr Freude als an den Gags und Grimassen von Louis de Funès. Damals rannte auch Jean-Paul Belmondo in weißem Anzug über die Dächer, er hielt sich für einen »Teufelskerl«, ich fand ihn ziemlich daneben. Sean Connery im grauen Rolli war um Klassen besser. Bei ihm saß die Frisur bis zum Schluss, und wenn er dann diese tollen Gadgets auspackte, die ihn aus jeder brenzligen Situation befreiten … Echter Stil kam aus England und hieß James Bond. Ich wälzte mich auf dem orientalischen Sofa und genoss jeden Moment, ohne einen Gedanken an die Zukunft zu verschwenden oder jemals in die Vergangenheit zurückzublicken. Kinderleicht war dieses Leben.

Mein Vorname ist in Paris derselbe wie in Algier: Abdel Yamine. Der Wortstamm »abd« bedeutet im Arabischen »in Ehren halten«, »el« heißt »der«. Den Yamine in Ehren halten. Ich futterte Datteln, Amina sammelte die Kerne ein.

2

Kinder an einen Bruder oder eine Schwester abzugeben, die keine eigenen haben, ist in afrikanischen Kulturen fast gängige Praxis, in Schwarzafrika wie im Maghreb. Dort hat natürlich jeder einen leiblichen Vater und eine leibliche Mutter, aber man wird schnell zum Kind der ganzen, meist vielköpfigen Familie. Wenn die Eltern beschließen, sich von einem Sohn oder einer Tochter zu trennen, überlegen sie nicht lange, ob ihr Kind darunter leiden wird. Groß und Klein finden es ganz natürlich, die Eltern zu wechseln. Kein Anlass, Worte zu verlieren, kein Grund, Tränen zu vergießen. Die afrikanischen Völker durchtrennen die Nabelschnur früher als die Europäer. Kaum hat ein Kind laufen gelernt, folgt es einem größeren auf Entdeckungstour. Es bleibt nicht am Rockzipfel der Mutter hängen. Und wenn die es so will, bekommt das Kleine eine neue Mutter.

Zur Lieferung gehörten bestimmt auch zwei, drei Unterhemden, aber ganz sicher keine Gebrauchsanweisung. Wie soll man Kinder aufziehen, wie mit ihnen sprechen, was soll man ihnen erlauben und was verbieten? Belkacem und Amina wussten es nicht. Also haben sie versucht, die anderen Pariser Familien zu imitieren. Was machten diese in den siebziger Jahren am Sonntagnachmittag, übrigens genau wie heute? Sie gingen in den Tuilerien spazieren. So bin ich mit fünf über den Pont des Arts gegangen, um am Rand eines trüben Teichs zu stranden. In diesem Tümpel, gerade mal einen halben Meter tief, fristeten ein paar Karpfen ein trauriges Dasein. Ich sah sie an die Oberfläche steigen, das Maul aufreißen, um ein bisschen Luft zu schnappen und gleich die nächste Runde im Winzbecken zu drehen. Wir mieteten ein kleines Segelboot aus Holz, das ich mit einem Stock in die Mitte schob. Wenn der Wind in die richtige Richtung blies, erreichte das Boot in zehn Sekunden die gegenüberliegende Seite des Beckens. Ich rannte schnell rüber, drehte den Bug um und schob das Segelboot mit einem Schwung zurück. Manchmal hob ich den Kopf und staunte: Am Eingang des Parks stand ein gewaltiger Bogen aus Stein.

»Was ist das, Papa?«

»Äh … ein uraltes Tor.«

Ein vollkommen nutzloses Tor, da es weder von Mauern noch von Zäunen flankiert wurde. Auf der anderen Seite erblickte ich riesige Gebäude.

»Und was ist das, Papa?«

»Der Louvre, mein Sohn.«

Der Louvre … Ich war nicht schlauer als zuvor. Man musste wohl sehr reich sein, um dort zu wohnen, in einem so schönen und stattlichen Haus, mit so großen Fenstern und lauter Statuen, die an den Fassaden klebten. Im riesigen Park hätte man sämtliche Stadien Afrikas unterbringen können. Über die Alleen und Rasenflächen waren Dutzende versteinerte Männer verteilt, die von ihren Sockeln auf uns herabschauten. Sie trugen alle Mäntel und hatten lange Locken. Ich überlegte, wie lange sie schon dastanden. Dann widmete ich mich wieder meinen Spielen. Bei Flaute konnte es passieren, dass mein Boot mitten im Becken stehen blieb. In diesem Fall musste ich andere Matrosen überreden, eine Flotte zusammenzustellen und damit Wellen zu schlagen, bis mein Schiffchen wieder in Gang kam. Manchmal krempelte Belkacem die Hosenbeine hoch.

Wenn das Wetter richtig schön war, bereitete Amina ein Picknick zu, und wir aßen vorm Eiffelturm, auf dem Champ-de-Mars, zu Mittag. Danach streckten sich die Eltern auf einer Decke aus, während sich die Kinder schnell mit anderen zusammentaten und sich um einen Ball zankten. Am Anfang war mein Wortschatz noch zu klein, deshalb hielt ich mich zurück. War ganz lieb und brav. Zumindest äußerlich unterschied ich mich kein bisschen von den kleinen Franzosen in kurzen Cordlatzhosen. Abends kehrten wir genauso fix und fertig wie sie nach Hause zurück, wo meinem Bruder und mir allerdings niemand verbot, noch den berühmten Sonntagabendfilm zu gucken. Bei den Western hielten wir am längsten durch, aber das Ende bekamen wir nur selten mit. Belkacem trug uns nacheinander ins Bett. Für Liebe und Fürsorge braucht man keine Gebrauchsanweisung.

Wenn mein Vater in Algier zur Arbeit ging, trug er eine Leinenhose und eine Jacke mit Schulterpolstern. Dazu Hemd, Krawatte und Lederschuhe, die er jeden Abend auf Hochglanz bürstete. Ich ahnte, dass er einer eher geistigen, wenig schweißtreibenden Tätigkeit nachging, ohne zu wissen, was er genau machte, und fragte auch nicht danach. Im Grunde war mir sein Beruf egal. Mein Vater in Paris schlüpfte jeden Morgen in einen Blaumann und setzte sich eine dicke Schiebermütze auf den kahlen Schädel. Als Elektriker kannte er keine Arbeitslosigkeit. Für ihn gab's immer was zu tun, er war zwar oft müde, aber beklagte sich nie, malochte fleißig weiter. In Algier wie in Paris blieb Mama zu Hause, um sich ums Essen, den Haushalt und – theoretisch – auch um die Kinder zu kümmern. Was das anging, konnte Amina keinem Vorbild nacheifern, sie hatte noch nie ein typisch französisches Heim von innen gesehen. Deswegen machte sie es so wie in der alten Heimat: Sie bekochte uns mit köstlichen Gerichten und ließ die Tür offen. Ich bat sie nicht um Erlaubnis, wenn ich rauswollte, und sie wäre auch nie auf die Idee gekommen, mich zur Rechenschaft zu ziehen. Bei uns Arabern wird Freiheit ohne Einschränkung gewährt.

3

In meinem neuen Viertel steht eine Statue. Genau die gleiche wie in New York, ich hab's im Fernsehen gesehen. Gut, sie mag etwas kleiner sein, aber ich bin sechs Jahre alt, ein Winzling, sie kommt mir so oder so riesengroß vor: Es ist eine Frau, nur mit einem Laken bedeckt, sie streckt eine Flamme zum Himmel empor, auf dem Kopf trägt sie eine komische Dornenkrone. Inzwischen wohne ich in einer Cité, einer Neubausiedlung im XV. Arrondissement. Schluss mit dem öden, winzigen Apartment im alten Paris, jetzt sind wir Bewohner von Beaugrenelle, einem ganz neuen Viertel voller Hochhäuser, wie in Amerika! Die Sellous haben im ersten Stock eines siebenstöckigen Gebäudes ohne Fahrstuhl, dafür aus rotem Backstein, eine Wohnung ergattert. Das Leben hier ist wie in den anderen Cités, ob Saint-Denis, Montfermeil oder Créteil. Aber mit Blick auf den Eiffelturm. So oder so betrachte ich mich als Jungen aus der Vorstadt, aus der Banlieue.

Am Rand der Siedlung wurde ein riesiges Einkaufszentrum errichtet, dort findet man alles, man braucht nur hinzugehen und sich zu bedienen. Wirklich, wie für mich gemacht.

An der Supermarktkasse hängen die Plastiktüten in Reichweite meiner kleinen Hand. Gleich daneben befinden sich die Ständer mit den ganzen Süßigkeiten und anderem Schnickschnack. Mir gefallen besonders die PEZ-Spender, die aussehen wie ein Feuerzeug mit dem Kopf einer Zeichentrickfigur: Man knipst den Spender auf und das rechteckige Bonbon springt heraus, man braucht es sich nur noch auf der Zunge zergehen zu lassen. Bald habe ich eine beeindruckende Sammlung angehäuft. Abends reihe ich die Helden meiner Lieblingscomics akkurat auf. Mein Bruder, der alte Spiel-und-Spaß-Verderber, stellt Fragen:

»Wo hast du diesen Panzerknacker-PEZ her, Abdel Yamine?«

»Hab ich geschenkt bekommen.«

»Glaub ich dir nicht.«

»Halt's Maul, oder du fängst dir eine.«

Er fügt sich.

Ich mag auch die klitzekleinen Schiffe, U-Boote und Autos für die Badewanne, man zieht sie mit einer seitlichen Kurbel auf, und schon schwimmen sie los. Damit fülle ich immer wieder ganze Tüten. Und das geht so: Zunächst betrete ich den Laden wie alle anderen Leute, die dort einkaufen wollen, öffne einen Beutel, treffe meine Auswahl, stecke das Gewünschte ein und begebe mich zum Ausgang. Eines Tages werde ich mit der Tatsache konfrontiert, dass ich offenbar einen wichtigen Schritt ausgelassen habe. Der Supermarktleiter ist der Meinung, ich hätte damit zur Kasse gehen müssen.

»Hast du Geld dabei?«

»Wozu?«

»Um das zu bezahlen, was du dir gerade genommen hast!«

»Was hab ich denn genommen? Ach, das? Dafür muss man zahlen? Das konnt ich doch nicht wissen. Lassen Sie mich los, mir tut der Arm weh!«

»Was ist mit deiner Mutter, wo ist sie?«

»Weiß nicht, wahrscheinlich zu Hause.«

»Und wo ist dein Zuhause?«

»Weiß nicht genau.«

»Na gut. Wenn du dich so bockig anstellst, bringe ich dich zur Wache.«

Jetzt verstehe ich gar nichts mehr. Meint er die Feuerwache? Gleich neben der Post, dort war ich schon, Amina hat mich mitgenommen, um Briefmarken zu kaufen oder eine Telefonkabine zu mieten und die Cousinen in Algerien anzurufen. Was hat das mit den PEZ-Spendern zu tun? Da fällt mir ein, klar, auf der Post bekommt man auch Geld. Man gibt ein Stück Papier am Schalter ab, darauf stehen Zahlen und eine Unterschrift, und im Gegenzug holt die Dame Hundert-Franc-Scheine aus einem kleinen Kasten. Ich blicke zum Supermarktleiter auf, der meine Hand festhält, das kann ich nicht leiden.

»Monsieur, das bringt nichts. Ich kann Sie nicht bezahlen, mir fehlt das Papier!«

Er sieht mich entgeistert an. Er scheint nicht zu kapieren.

»Was erzählst du denn da? Die Polizisten werden das schon regeln, keine Sorge.«

Was für 'n Blödmann. Dort gibt es doch keine Polizisten, und selbst wenn, würden die wohl kaum meine Bonbons bezahlen …

Wir betreten eine Eingangshalle, die ganz in Grau gehalten ist. Das muss eine andere Post sein. Ein paar Leute sitzen auf Stühlen, die an der Wand aufgereiht sind, ein Mann in dunkelblauer Uniform starrt uns hinter seinem Schreibtisch an. Der Supermarktleiter sagt nicht mal guten Tag. Er kommt gleich zur Sache.

»Herr Wachtmeister, hier ist ein junger Dieb, den ich in meinem Laden auf frischer Tat ertappt habe!«

Auf frischer Tat … Offenbar hat der Mann zu viel *Columbo* geguckt … Schmollend neige ich den Kopf zur Seite. Ich versuche, wie Calimero auszusehen, wenn er sagt: »Das ist eine himmelschreiende Ungerechtigkeit!« Der Typ legt noch einen drauf, als er dem diensthabenden Uniformierten meine Beute aushändigt.

»Sehen Sie selbst! Eine ganze Tüte voll! Und ich könnte wetten, das ist nicht das erste Mal!«

Der Polizist schickt ihn weg.

»Schon gut, überlassen Sie das uns. Wir kümmern uns darum.«

»Dann sorgen Sie aber unbedingt dafür, dass er bestraft wird! Das soll ihm eine Lehre sein! Ich will ihn nie wieder in meinem Supermarkt herumlungern sehen!«

»Monsieur, ich sagte doch gerade, wir kümmern uns darum.«

Endlich verzieht er sich. Ich bleibe einfach da stehen, ohne mich zu rühren. Ich spiele nicht mehr die Rolle des unschuldigen kleinen Opfers. Tatsächlich ist mir eben klargeworden, dass ich mich keinen Deut um die mög-

lichen Folgen schere. Nicht aus Furchtlosigkeit: Ich weiß
nicht mal, wovor ich mich fürchten sollte! Wenn die Tüten
doch genau in meiner Reichweite hingen und die Bonbons
auch, musste ich zwangsläufig zugreifen, oder? Dafür waren die Karamellstangen, Schaumerdbeeren, PEZ-Spender mit Mickymaus, Goldorak, Captain Harlock schließlich da, das fand ich wirklich ...

Der Polizist würdigt mich kaum eines Blicks, sondern
führt mich in ein Büro und stellt mich zwei Kollegen vor.

»Der Leiter vom Prisunic hat ihn dabei erwischt, wie er
die Regale plünderte.«

Sofort melde ich mich zu Wort.

»Nicht die Regale! Bloß neben der Kasse, da, wo die
Bonbons sind!«

Die beiden anderen lächeln nachsichtig. Damals konnte
ich nicht wissen, dass ich von dieser Seite nie wieder so
freundliche Blicke ernten würde.

»Magst du Bonbons?«

»Na klar.«

»Na klar ... Künftig bittest du aber deine Eltern, dir
welche zu kaufen, einverstanden?«

»Ja ... Einverstanden.«

»Findest du allein nach Hause zurück?«

Ich nicke.

»Sehr gut. Dann ab mit dir.«

Ich stehe schon im Türrahmen, als ich sie über den Supermarktleiter witzeln höre.

»Hat der im Ernst geglaubt, dass wir den Knirps ins
Gefängnis werfen?«

Ich bin der Beste. Ich hab's geschafft, klammheimlich drei Schokoschaumbären einzustecken. Bevor ich den ersten vernasche, biege ich um die Straßenecke. Mein Mund ist noch voll, als ich die Haustür erreiche. Dort stoße ich auf meinen Bruder, der mit Mama vom Einkaufen kommt. Er schöpft auf Anhieb Verdacht.

»Was isst du?«

»Ein Bärchen.«

»Und woher hast du das Bärchen?«

»Hab ich geschenkt bekommen.«

»Glaub ich dir nicht.«

Ich strahle ihn an. Mit kakaoschwarzen Zähnen, logo.

4

Die Franzosen legen ihre Kinder an die Leine. So sind die Eltern beruhigt. Sie haben die Situation im Griff ... Das bilden sie sich jedenfalls ein. Ich beobachtete sie jeden Morgen vor der Schule. Sie führten ihren Nachwuchs an der Hand bis zum Schultor und feuerten ihn mit ihren dämlichen Floskeln an.

»Sei schön fleißig, mein Schatz, sei brav!«

Die Eltern dachten, das würde ihre Kinder ausreichend für den harten Überlebenskampf auf dem Schulhof wappnen, demselben übrigens, auf dem man sie selber dreißig Jahre zuvor schikaniert hatte. In Wahrheit schwächten sie ihre Kinder nur.

Um im Kampf zu bestehen, muss man ihn erprobt haben. Besser früher als später.

Ich war stets der Kleinste, nicht gerade der Kräftigste, aber ich griff immer als Erster an. Und gewann jedes Mal.

»Gib die Murmeln her.«

»Nein, die gehören mir.«

»Gib schon her.«

»Kommt nicht in Frage!«

»Sicher?«

»... Ist ja gut! Hier hast du die Murmeln ...«

Der Unterricht interessierte mich kein Stück, vor allem, weil man uns wirklich wie die Deppen behandelte. Es hieß doch »Den Yamine in Ehren halten«. Wie sollte ich mich da als Witzfigur vor der ganzen Klasse hinstellen und einen vom Frosch und vom Ochsen erzählen? Das war nur was für Mädchen.

»Abdel Yamine, hast du deinen Text nicht auswendig gelernt?«

»Welchen Text?«

»Die Fabel von La Fontaine, die ich dir für heute aufgetragen hatte.«

»Ich hab nur Gabel verstanden.«

»Bravo! Monsieur versteht sich aufs Reimen.«

»Ist mir lieber als Schleimen.«

»Raus mit dir, Sellou …«

Ich ließ mich gern aus dem Unterricht werfen. Diese Strafe, vom Lehrer als größtmögliche Demütigung gedacht, erlaubte mir schließlich, mich in aller Ruhe auf Beutezug zu begeben. Wer immer die Pariser Schulen erbaute, hatte entweder nicht bedacht, dass dort eines Tages ein böser kleiner Abdel eindringen würde, oder er hatte beschlossen, ihm die Arbeit zu erleichtern: Die Mantelhaken hängen draußen vor der Klasse, im Flur! Und was steckt in den Manteltaschen? Ein oder zwei Francs, an guten Tagen sogar fünf, ein Yo-Yo, Kekse, Bonbons! Es konnte mir nichts Besseres passieren, als vor die Tür gesetzt zu werden …

Ich stellte mir vor, wie die anderen Kinder abends heulend nach Hause kamen.

»Ich weiß nicht, wie das passieren konnte, Mama, aber mein Franc-Stück ist verschwunden …«

»Du warst also wieder einmal schlampig. Von mir bekommst du kein Geld mehr!«

Von wegen, beim nächsten Mal gibt's doch wieder welches, und die nächste Beute des kleinen Abdels fällt genauso üppig aus …

Auch an meinem zehnten Geburtstag wurde ich aus dem Unterricht geworfen, quasi als Geschenk des Lehrers, und entdeckte im Flur ein Stückchen Pappe, das Gold wert war. Gut versteckt im Dufflecoat eines Mädchens, unter einem rosa-weißen Papiertaschentuch. Es fühlte sich dicker an als ein Fahrschein, war größer als eine Kinokarte – was konnte das sein? Ich zog die Hand aus der Tasche. Ein Foto. Ein Foto der Mantelbesitzerin, aber kein einfaches Porträt, sondern das, was man halbnahe Einstellung nennt: vom Kopf bis zur Taille. Und das Mädchen war nackt.

Zugegeben: Zum Abstauben war ich reif genug, aber nicht zum Anbaggern. Trotzdem wusste ich schon in diesem Moment, was mir dieser Fund einbringen konnte.

»Hallo, Vanessa, meine süße kleine Vanessa, ich hab hier was, das dir gehört …«

Hier tat ich so, als würde ich mir in die Brust kneifen:

»Bei dir sprießen sie schon, was?«

»Gib mir das Foto zurück, Abdel, auf der Stelle.«

»Och nö, so ein hübsches Bild, das behalte ich.«

»Gib's her, sonst …«

»Sonst was? Gehst du zum Direx? Der würde das Foto bestimmt gern mit eigenen Augen sehen.«

»Was willst du?

»Fünf Francs.«

»Okay. Du kriegst sie morgen.«

Unser Tauschhandel zog sich noch über einige Tage hin. Fünf Francs waren einfach zu wenig. Also hab ich mehr verlangt, immer mehr. Es war ein Spiel, bei dem ich mich köstlich amüsierte, aber Vanessa war keine gute Verliererin. Sie stieg aus. Als ich eines Abends nach Hause kam, nahmen mich meine Eltern an der Hand.

»Abdel, wir gehen auf die Wache.«

»Auf die Feuerwache?«

»Nein. Wir wurden vom Kommissariat vorgeladen. Was hast du angestellt?«

»Keine Ahnung, was das soll ...«

Eine Ahnung hatte ich schon, aber ich glaubte, es ginge um was anderes als mein harmloses Geschäft mit Vanessa. Als der Polizist erklärte, warum man uns vorgeladen hatte, atmete ich erleichtert auf.

»Monsieur Sellou, Ihr Sohn Abdel Yamine wird der Erpressung von Schutzgeld bezichtigt.«

Diese Begriffe waren zu hoch für Belkacem. Selbst ich habe erst geschaltet, als der Polizist Vanessas Namen erwähnte. Nachdem ich gelobt hatte, das Bild umgehend der rechtmäßigen Besitzerin zurückzugeben, durfte ich weg. Meine Eltern haben überhaupt nicht verstanden, worum es ging, sie sind mir wortlos gefolgt und stellten mir keinerlei Fragen. Ich wurde weder zu Hause noch in der Schule bestraft.

Viele Jahre später habe ich erfahren, dass der Schuldirektor ins Gefängnis gewandert ist: Neben anderen Straftaten hatte er die Kasse der Schulgenossenschaft geplündert. Wie kann man nur Kinder bestehlen? Das gehört sich nun wirklich nicht.

5

Jeden Morgen frühstückte ich auf dem Weg zur Schule. Die Lieferanten stellten ihre Paletten am Eingang der noch geschlossenen Läden ab und setzten ganz unbesorgt ihre Tour fort. Die Waren steckten dicht an dicht unter einer Plastikfolie. Mit einem Handgriff konnte man sich bedienen. Hier eine Packung bretonischer Butterkekse, da ein Fläschchen Orangensaft. War doch kein Verbrechen: Die Sachen lagen praktisch auf der Straße, in bequemer Reichweite, so wie ich es mochte. Und mal ehrlich, eine Packung Kekse mehr oder weniger … Ich teilte mir meine Beute mit Mahmoud, Nassim, Ayoub, Macodou oder Bokary. Alle Jungs aus der Cité waren meine Kumpels, dort gab es nicht viele Édouards, Jeans oder Louis'. Nicht, weil wir sie nicht hätten haben wollen, sondern weil die uns lieber in Ruhe ließen. Wie dem auch sei: Bei meinen Leuten war ich so was wie ein Anführer – und gleichzeitig ein Einzelgänger. Nach dem Motto: *Wer mich liebt, der folge mir.* Wenn ich mich umdrehte, waren da immer mehr als genug.

Wir hingen auf einem betonierten Platz inmitten der Wohntürme ab, oberhalb des Einkaufszentrums, das inzwischen unser persönlicher Freizeitpark war. Wir sahen toll aus, waren nach dem letzten Schrei gekleidet, trugen die angesagten Marken. Jacken von Chevignon, Levi's-Jeans mit Seitenschlitz, aus dem das Burberry-Karo hervorblitzte. Trainingsanzüge mit den drei Adidas-Streifen. Die inzwischen wieder angesagt sind. Poloshirts von Lacoste, die ich immer gemocht habe. Bis heute liebe ich das kleine Krokodil, das die Brusttasche ziert.

Als ich das erste Mal im Go Sport erwischt wurde, hatte ich den Laden schon mehrfach ausgeräumt. Es war ganz leicht: Ich trat ein, suchte aus, was mir gefiel, zog in der Kabine alles übereinander und ging unauffällig wieder hinaus. Hatte in der Zwischenzeit bloß ein bisschen zugelegt. Damals gab es noch keine Wachleute und Warensicherungssysteme. Die Jacken auf den Bügeln hatten nur ein handgeschriebenes Schildchen im Knopfloch. Eines Tages tauchten dann mechanische Sicherungsetikette auf, die angeblich nicht zu knacken waren. Mit einer Büroklammer klappte es aber, man musste nur findig genug sein, und findig bin ich immer gewesen. Außerdem hatte ich damals jede Menge Zeit, um so was auszuhecken.

Ich hatte schon früh damit aufgehört, die Eltern auf ihren Sonntagsausflügen in die Tuilerien, den Botanischen Garten oder den Zoo von Vincennes zu begleiten. Am Sonntagnachmittag dösten wir vor *Starsky und Hutch*, bis Yacine oder Nordine oder Brahim vorbeikam, um mich abzuholen. Wir gingen zum Betonplatz, überlegten uns, was wir Neues ausprobieren könnten.

Am Tag des Herrn war das Einkaufszentrum geschlossen. Schlecht für unsere Shoppingtouren. Aber Moment mal … Wer sollte uns daran hindern? Die Metalltür dort drüben, führt die nicht direkt in den Laden? Was riskieren wir schon …

NICHTS.

Wie man gleich sehen wird.

———

Im Go Sport befindet sich neben den Kabinen eine Tür, darüber hängt ein kleines Schild mit weißen Buchstaben auf grüner Fläche: »Notausgang«. Wenn ein Verkäufer einen Artikel sucht, der nicht im Laden vorrätig ist, geht er durch diese Tür und kehrt mit der entsprechenden Ware zurück. Daraus schließe ich zweierlei: Erstens, hinter dieser Tür verbirgt sich das Lager, und zweitens, vom Lager aus gelangt man auf die Straße. Sogar ein Volltrottel wie Inspektor Gadget wäre von allein darauf gekommen.

Jetzt stehen wir draußen vor dem Notausgang: dieselbe Art von Stahltür, die ich aus Kinos kenne. Die Außenseite ist völlig glatt, ohne Angriffspunkt, weil kein Schloss dran ist. Man öffnet die Tür von innen, indem man eine große Querstange runterdrückt. Im Brandfall lässt sie sich selbst bei starkem Personenansturm mit einem Schub aufmachen. Von außen ist sie theoretisch nicht zu öffnen. Go-Go-Gadget-o Meißel, ich knacke den Schließmechanismus, stecke den Fuß in die Spalte, während Yacine mit aller Kraft an der Tür zieht, und wir schleichen uns in Ali Babas Höhle ein.

Doch halt – was ist das für eine komische Schleuse, die wir eben passiert haben? Ist ja ganz was Neues, aber egal, wir sind nicht zum Sightseeing hier. Ich stecke den Meißel in meine Jackentasche, dann erkunden wir die verfügbare Ware. Das meiste ist noch gefaltet und in Plastik verpackt, so dass wir nicht auf Anhieb erkennen, was uns gefällt und was uns passt. Doch Yacine hat etwas entdeckt.

»Abdel! Guck dir mal diese Hose an! Ist die geil!«

Ich drehe mich zu meinem Kumpel um. Die Jeans ist tatsächlich ganz nett. Im Gegensatz zum Schäferhund, der unmittelbar hinter Yacine die Zähne bleckt. Mein Blick folgt der Leine und fällt auf eine Faust, die fast ebenso behaart ist wie der Köter. Weiter oben sehe ich einen kantigen Kopf mit Schirmmütze. S.E.C.U.R.I.T.Y. Alles klar.

Der Wachmann packt Yacine am Jackenkragen.

»Hier entlang, alle beide.«

»Aber wir haben doch gar nichts getan, Monsieur!«

»Halt's Maul.«

Er führt uns durch eine kleine Seitentür ins Einkaufszentrum und sperrt uns in der Personaltoilette ein. Klick-klack, dieses Klo kann man auch von außen verriegeln! Ich lache laut auf.

»Was sagt man denn dazu, Yacine? Die sind ja oberschlau! Können die Scheißhäuschen, wenn es sein muss, in Zellen verwandeln. Das nenn ich mal eine optimale Raumnutzung!«

»Hör auf rumzualbern, wir sitzen nämlich echt in der Scheiße.«

»Aber woher denn? Wir haben doch nichts geklaut!«

»Weil man uns vorher erwischt hat. Außerdem haben wir die Ladentür aufgebrochen.«

»Wer hat die Tür aufgebrochen? Warst du das etwa,

Yacine? Nein? Und ich auch nicht. Sie war schon offen, wir sind bloß reingegangen!«

Mit diesen Worten hebe ich den Deckel des Wasserkastens und lege den Meißel hinein.

Ein paar Minuten später kommt der Hundeführer mit zwei Polizisten zurück. Wir tischen ihnen unsere Version der Geschichte auf. Sie glauben uns kein Wort, aber aus Mangel an Beweisen schickt der Wachmann die beiden Bullen wieder weg und führt uns zum Notausgang.

»Damit ihr Bescheid wisst, Jungs, diese Schleuse ist Teil eines Alarmsystems. Wenn man hier durchgeht, blinkt in der Überwachungskabine ein rotes Lämpchen auf.«

Ich gebe mich mächtig beeindruckt angesichts dieser unerhörten technischen Neuerung.

»Ist ja 'n Ding. Bestimmt sehr praktisch, so'n Gerät.«

»Und wie.«

Die Stahltür knallt hinter uns zu. Wir begeben uns schnurstracks zu den anderen Assis auf den Betonplatz, wo wir uns schlapp lachen.

Als ich meinen – verhältnismäßig – größten Coup landete, war ich noch keine zehn Jahre alt. Ich hatte mir im Train Bleu, dem Spielzeugladen in unserem Einkaufszentrum, ein Kettcar geschnappt. Ein richtiges Auto mit Elektroantrieb, man konnte sich reinsetzen! Ich habe noch vor Augen, wie ich dieses Ungetüm auf dem Kopf balancierte, während ich die Treppe hinunterflitzte, den Geschäftsführer dicht auf den Fersen.

»Bleib stehen, du Bengel, bleib auf der Stelle stehen!«

Das Ding kostete ein Vermögen.

Später, auf dem Betonplatz, hab ich es mit mehreren Kumpels ausprobiert. Es fuhr sich nicht besonders gut. Es war eindeutig zu teuer.

6

Die Weichen waren gestellt. Ich konnte mich nicht mehr ändern. Schon mit zwölf Jahren war klar, dass ich nicht der anständige Mitbürger werden würde, den die Gesellschaft gern gehabt hätte. Die anderen Jungs aus der Cité waren alle auf der gleichen Schiene unterwegs und würden nicht mehr von ihrem Weg abkehren. Man hätte uns die Freiheit und unseren gesamten Besitz nehmen müssen, uns voneinander trennen ... Und selbst das hätte wohl nicht gereicht. Da wäre schon eine komplette Neuformatierung nötig gewesen, wie bei einer Computerfestplatte. Aber wir sind keine Maschinen, und niemand wagte es, uns mit unseren eigenen Waffen zu schlagen, der nackten Gewalt nämlich, die keine Grenzen und Gesetze kennt.

Wir haben sehr früh begriffen, wie der Hase läuft. Ob Paris, Villiers-le-Bel oder am Arsch der hinterletzten Provinz: Überall, wo wir lebten, standen wir, die Wilden, dem zivilisierten französischen Volk gegenüber. Wir mussten nicht mal um unsere Privilegien kämpfen, weil wir vor dem Gesetz als Kinder galten, egal, was wir anstellten. Hier wird ein Kind nie zu Verantwortung gezogen. Man findet für sein Verhalten lauter Entschuldigungen. Zu sehr oder nicht genug behütet, zu verwöhnt, zu arm ... In

meinem Fall sprachen sie von dem »Trauma der Vernach-
lässigung«.

Kaum dass ich in die sechste Klasse der Guillaume-Apol-
linaire-Schule im XV. Arrondissement komme, werde ich
das erste Mal zum Psychologen geschickt. Zum Schulpsy-
chologen, klar. Aufgeschreckt von meiner Akte, die bereits etliche Verweise und andere wenig schmeichelhafte
Beurteilungen von meinen Lehrern enthält, hat er den
Wunsch geäußert, mich kennenzulernen.

»Du lebst also nicht bei deinen echten Eltern, Abdel,
richtig?«

»Ich lebe bei meinem Onkel und meiner Tante. Aber
jetzt sind sie meine Eltern.«

»Das sind sie, seit deine wahren Eltern dich im Stich
gelassen haben, richtig?«

»Sie haben mich nicht im Stich gelassen.«

»Abdel, wenn Eltern sich nicht mehr um ihr Kind kümmern, dann lassen sie es doch im Stich, richtig?«

Sein »richtig« kann mir gestohlen bleiben.

»Nein, sie haben mich nicht im Stich gelassen. Sie haben mich bloß anderen Eltern übergeben.«

»Du wurdest von ihnen verlassen. So nennt man das.«

»Nicht bei uns. Bei uns macht man das so.«

Konfrontiert mit so viel Verstocktheit, seufzt der Psychologe. Ich lenke ein bisschen ein, damit er mich in Ruhe
lässt.

»Herr Psychologe, um mich brauchen Sie sich nicht zu
sorgen. Mir geht's gut, ich bin nicht traumatisiert.«

»Doch, Abdel, natürlich bist du traumatisiert!«

»Wenn Sie das sagen …«

Tatsächlich waren wir Kinder der Vorstadt uns nicht im Geringsten unserer Lage bewusst. Niemand hatte wirklich versucht, uns von der schiefen Bahn abzubringen. Die Eltern sagten nichts, weil ihnen die Worte fehlten und sie uns sowieso nicht zügeln konnten, selbst wenn sie unsere Einstellung nicht billigten. Die meisten Maghrebiner und Afrikaner lassen Kinder ihre eigenen Erfahrungen machen, so gefährlich sie auch sein mögen. So ist das nun mal.

Anstand war für uns nur ein Begriff, dessen Bedeutung uns fremd blieb.

»Mit dir nimmt es noch ein schlimmes Ende, mein Junge!«, sagten die Klassenlehrerin, der Geschäftsführer und der Polizeibeamte, die uns zum dritten Mal in zwei Wochen auf frischer Tat ertappten.

Was dachten die sich eigentlich? Dass wir erschrocken aufjaulen würden, *O Gott, da habe ich wohl eine Dummheit begangen, wie konnte das nur passieren, damit setze ich ja meine ganze Zukunft aufs Spiel!* Von der Zukunft hatten wir überhaupt keine Vorstellung, sie war für uns kein Thema, wir verschwendeten keinen Gedanken daran, weder auf die Schläge, die wir austeilten, noch auf die, die wir noch einstecken würden. Uns war das alles egal.

»Abdel Yamine, Abdel Ghany, kommt mal her. Ihr habt einen Brief aus Algerien bekommen.«

Wir machten uns nicht mal die Mühe, Amina zu antworten, wie schnuppe uns das war. Der Brief blieb so lange auf dem Heizkörper im Flur liegen, bis Belkacem ihn fand und öffnete. Nach der Lektüre fasste er ihn kurz und stockend für uns zusammen.

»Er ist von eurer Mutter, sie fragt, ob es in der Schule klappt, ob ihr Freunde habt.«

Ich prustete vor Lachen.

»Ob ich Freunde habe? Was glaubst du denn, Papa?«

In die Schule zu gehen war Pflicht, und manchmal hielten wir uns daran. Kamen zu spät, schwatzten laut im Unterricht, bedienten uns ungeniert aus Jackentaschen, Federmäppchen und Schulranzen. Wir vermöbelten unsere Mitschüler, einfach so, zum Spaß. Alles war für einen Lacher gut. Die Angst im Gesicht der anderen stachelte uns an wie der Anblick einer flüchtenden Gazelle den Löwen. Eine leichte Beute hätte uns gelangweilt. Es machte uns viel mehr Spaß, unser Opfer eine Zeitlang im Ungewissen zu lassen, ihm aufzulauern, es zu bedrohen, um Gnade winseln zu lassen und in Sicherheit zu wiegen, bevor wir endlich zuschlugen … Wir hatten keine Seele.

―――

Ich habe einen Hamster geerbt. Eine Siebtklässlerin aus meiner neuen Schule hat ihn mir vermacht (aber nur, weil ihn sonst keiner haben wollte). Die Ärmste, da hat sie ihr ganzes Taschengeld für einen Spielkameraden ausgegeben, und dann traut sie sich nicht, ihn mit nach Hause zu nehmen …

»Ich hätte ihn nicht kaufen dürfen, mein Vater hat mir immer gesagt, dass er keine Haustiere erlaubt …«

»Keine Sorge, ich finde schon ein Plätzchen für ihn.«

Echt ulkig, diese kleine Ratte: knabbert am Butterkeks, ohne eine Miene zu verziehen, trinkt, schläft und pisst. Mein Matheheft ist schon ganz durchnässt. Tagelang trage ich das kleine Ding in meinem Rucksack herum. Im Unterricht verhält es sich stiller als ich, und wenn es mal einen Mucks tut, stimmen meine Komplizen zur Tarnung mit ein. Sie können mindestens genauso gut quieken. Die Lehrerin staunt.

»Yacine, hast du dir etwa die Hand im Reißverschluss deines Mäppchens eingeklemmt?«

»Nein, Madame, in meinem Reißverschluss klemmt was anderes, das tut weh!«

Brüllendes Gelächter in der Klasse. Sogar die Spießerkinder aus dem XV. Arrondissement stimmen ein. Sie wissen alle über die merkwürdigen Geräusche aus meinem Rucksack Bescheid, aber keiner petzt. Vanessa, ja, die schon wieder, hat ein großes Herz und sorgt sich um den Hamster. In der Pause spricht sie mich an.

»Gib ihn mir, Abdel. Ich werde mich gut um ihn kümmern.«

»Na hör mal, meine Süße, so ein Tierchen ist doch nicht umsonst.«

Da mein erster Erpressungsversuch gescheitert ist, hoffe ich jetzt auf Revanche.

»Dann eben nicht. Kannst deinen Hamster behalten.«

Zu blöd, die dumme Kuh lässt sich nicht darauf ein! Da kommt mir eine teuflische Idee: Ich biete ihr das Tier in Einzelteilen an.

»Warte, Vanessa. Heute Abend hack ich ihm auf dem

Betonplatz eine Pfote ab, mal sehen, wie er dann läuft. Willst du gucken kommen?«

Ihre blauen Glupschmurmeln rollen in den Höhlen wie meine Unterhosen in der Waschmaschine.

»Hast du sie nicht alle? Das meinst du doch nicht ernst?«

»Er gehört mir. Das geht nur mich was an.«

»Okay. Ich kaufe ihn dir für zehn Francs ab. Morgen bringe ich sie dir mit. Aber du tust ihm nichts, klar?«

»Alles klar ...«

Am nächsten Tag hält mir Vanessa die kleine runde Münze hin.

»Du kriegst sie, Abdel, aber erst will ich den Hamster sehen.«

Ich öffne den Rucksack einen Spaltbreit, sie reicht mir das Geld.

»Gib ihn mir.«

»Nicht so schnell, Vanessa! Die zehn Francs reichen nur für eine Pfote. Alles andere kostet zehn Francs extra!«

Noch am selben Abend steht sie mit dem Geld vor meiner Haustür.

»Und jetzt gibst du mir endlich den Hamster!«

»He, Herzchen, mein Hamster hat schließlich vier Pfoten ... Die beiden letzten überlasse ich dir für fünfzehn, ein echtes Schnäppchen ...«

»Du bist so ein Arschloch, Abdel! Wenn du mir den Hamster jetzt gibst, bezahle ich dich am Donnerstag in der Schule.«

»Und woher soll ich wissen, dass du mich nicht reinlegst, Vanessa ...?«

Vor Zorn ist sie puterrot. Ich auch, aber vor Lachen. Ich

gebe ihr die stinkende Fellkugel und blicke ihr hinterher, als sie sich verzieht. Dem Hamster hätte ich niemals ein Haar gekrümmt. Ein paar Wochen später ist er in Vanessas Fünf-Sterne-Käfig gestorben. Sie konnte sich nicht mal anständig um ihn kümmern.

———

Ich werde auf ein technisches Gymnasium im XII. Arrondissement versetzt, Chennevière-Malézieux heißt es und meine Fachrichtung »Allgemeine Mechanik«. Am ersten Tag hält uns der stellvertretende Schuldirektor eine Lektion in Geschichte und gleichzeitig eine nette kleine Moralpredigt.

»André Chennevière und Louis Malézieux waren beide tapfere Verteidiger Frankreichs zur Zeit der deutschen Besatzung im Zweiten Weltkrieg. Aber Sie haben das Glück, in einem friedlichen und blühenden Land zu leben. Das Einzige, wofür Sie kämpfen müssen, ist Ihre Zukunft. Ich möchte Sie dazu ermuntern, Ihre Ausbildung so beherzt anzugehen, wie die Herren Chennevière und Malézieux einst ihre Pflicht erfüllt haben.«

Gebongt. Ich werde diesen beiden Typen nacheifern und Widerstand leisten. Es war nie meine Absicht, mir die Hände schmutzig zu machen. Ich bin vierzehn Jahre alt, verfolge keine Ziele, will einfach nur frei sein. Noch zwei Jahre, dann müssen sie mich ziehen lassen. Schulpflicht besteht in Frankreich nur bis zum sechzehnten Lebensjahr. Außerdem weiß ich, dass sie die Zügel bestimmt schon vorher lockern werden.

Zum Glück. Ich hab nichts mit der Herde gemein, mit

der ich hier grasen soll. Wie ging doch gleich die Geschichte, die unsere Französischlehrerin uns letztes Jahr erzählt hat? Die Schafe des Panurg, genau! Der Kerl wirft ein Schaf ins Meer, und der Rest der Herde springt hinterher. In dieser bescheuerten Penne erinnern alle Schüler an Schafe. Was für ein Anblick: stumpfe Augen, ein winziger Wortschatz, höchstens ein Gedanke pro Jahr. Sie sind ein-, zweimal sitzengeblieben, manche dreimal. Dann haben sie so getan, als wollten sie sich anstrengen, als strebten sie Abi, Uni und den restlichen Blödsinn an. Dabei lassen sie sich nur von niederen Instinkten leiten: fressen, *ein Hoch auf die Mensa*, und vor allem ficken – sie kennen überhaupt kein anderes Wort, sprechen den ganzen Tag nur davon.

In dieser debilen Klasse sind auch drei Mädchen gelandet. Die Ärmsten. Eins wird mindestens daran glauben müssen, und zwar mehrmals, das heißt mit mehreren Schwachmaten ... Ich mag ja viele Fehler haben, aber diese Art von Gewalt wende ich nicht an. Nein danke, da mach ich nicht mit. Mich zieht's woandershin, zu anderen Untaten.

7

In der Cité drehten wir inzwischen Däumchen. Die Läden rüsteten allmählich auf, um sich gegen unsere Besuche zu wappnen: Bewegungsmelder, extra leistungsstarke Warensicherungssysteme, Wachleute, besonders geschultes Verkaufspersonal, das eine bestimmte Art von Kunden im Auge behalten sollte ... Innerhalb von knapp zwei Jahren waren die Sicherheitsmaßnahmen derart verstärkt worden, dass unsere Quelle versiegte. Wir hatten die Wahl: entweder auf die Kapuzenpullis verzichten, die uns so verdammt gut standen, oder eine neue Quelle auftun ... Zum Beispiel die Kids aus den Bonzenvierteln. Eine logische Schlussfolgerung, wenn auch eine recht zynische – das sehe ich heute ein. Damals war mir das nicht bewusst. Ich konnte mich nicht in andere Menschen reinversetzen. Ich kam nicht einmal auf die Idee, es zu versuchen. Hätte mich einer gefragt, wie sich wohl ein Junge fühlt, der gerade ausgeraubt wurde, wäre ich in ein hämisches Kichern verfallen. Da an mir alles abprallte, musste es den anderen zwangsläufig ähnlich ergehen, erst recht diesen Muttersöhnchen, die mit einem Silberlöffel im Mund auf die Welt gekommen waren.

Nach Abschluss der Grundschule begleiteten die Eltern ihren Nachwuchs nicht mehr bis zum Schultor. Kaum traten die Kinder auf die Straße, konnte man sie leicht schnappen. Wir spähten ein Opfer aus, einen Typen, der mit den richtigen Klamotten ausgestattet war. Dann stürzten wir uns zu zweit oder zu dritt auf ihn, kreisten ihn auf dem Bürgersteig ein und begleiteten ihn ein Stück, wie Kumpels, die den gleichen Schulweg haben. Den anderen Passanten fiel nichts Verdächtiges auf. Höchstens, dass unser Anblick sie zu Tränen rührte: *Dieser nette Sohn aus gutem Hause ist also mit zwei Arabern befreundet! Dieser aufrechte kleine Katholik hat ein so großes Herz, dass er diese fragwürdigen, abgerissenen Gestalten nicht abblitzen lässt ...* Sie hörten ja nicht, was wir von uns gaben.

»Was haste für Turnschuhe? Wie groß?«

»Die Schuhgröße? Warum?«

»Sag schon!«

»Vierzig.«

»Super, das passt! Gib sie her.«

»Aber ich kann schlecht in Socken zur Schule gehen, oder?«

»Ich hab ein Teppichmesser dabei. Du möchtest doch keine hässlichen roten Flecken auf deinem hübschen blauen Pulli? Setz dich hier hin!«

Ich zeigte auf eine Bank, eine Treppenstufe, die Schwelle einer noch geschlossenen Boutique.

»Los, mach die Schnürsenkel auf, aber dalli!«

Ich verstaute die Nikes in meinem Rucksack und haute mit Yacine ab, der bereits Schuhgröße 42 brauchte und sich nicht so einfach bei kleinen Gymnasiasten bedienen konnte.

Manchmal benutzten wir das Messer doch. Aber nur, um die Jacke zu zerschneiden, die Hülle, niemals die Haut. Ab und zu setzte es auch Faustschläge und Fußtritte. Und zwar immer, wenn unser Opfer sich wehrte, was wir völlig hirnrissig fanden. Für ein Paar Schuhe, also echt ... Ich wurde mehrmals erwischt. Dann verbrachte ich ein bis zwei Stunden auf der Wache, bevor ich wieder heimdurfte. Die französische Polizei ist bei weitem nicht so schlimm wie in den Filmen. Nie hat man mir ein Telefonbuch an den Kopf geworfen oder auch nur die kleinste Ohrfeige verpasst. In Frankreich werden Kinder nicht geschlagen, das gehört sich nicht. Auch bei Belkacem und Amina wurde nicht geschlagen. Ich weiß noch, wie manche Nachbarn schrien: der Vater, der seinen Sohn auspeitschte, der Sohn, der vor Schmerz aufheulte, die Mutter, die um das Ende der Folter bettelte. Ich erinnere mich an Mouloud, Kofi, Sékou, die regelmäßig eine ordentliche Tracht Prügel bezogen. Danach durfte man ihnen ein paar Tage lang nicht allzu fest auf die Schulter klopfen, und vor allem durfte man sich auf keinen Fall anmerken lassen, dass man Bescheid wusste. Immer so tun, als wäre nichts passiert. Es war auch nichts passiert, das Leben nach der Peitsche glich haargenau dem Leben vor der Peitsche. Mouloud, Kofi und Sékou bezogen weiterhin unten am Eingang oder auf dem Betonplatz Stellung, sie rannten weiterhin wie der Blitz.

———

Ich werde mutiger, wage mich über die Grenzen meines Viertels hinaus. Nehme an der Metrostation Charles-Michel die Linie 10, steige am Odéon um und Châtelet-Les Halles wieder aus. Dort tummelt sich ein buntes Völkchen. Vor allem Schwarze und Araber. Manche halten sich für Amis. Stopfen sich mit Hamburgern voll, um das gleiche Kampfgewicht zu erreichen wie die Breakdancer. Man hört sie schon von weitem kommen, mit dem dröhnenden Ghettoblaster auf der Schulter. Die unvermeidliche Baseballkappe tragen sie verkehrt herum, dazu Hosen, die ihnen fast über den Hintern rutschen. Sie stellen die Anlage ab, drehen die Lautstärke noch weiter auf und legen los. Damit sorgen sie nicht nur für Show und Klangkulisse, sondern verdecken auch, was nebenher läuft.

So geht jeder seinen kleinen Geschäften nach, ohne sich um die anderen zu kümmern. Ich stürze mich ins Gewühl, verschlinge ein Sandwich, verkloppe hier einen Blouson von Lacoste, dort ein Paar Westons, alles ganz harmlos – die Drogen kursieren woanders, außerhalb von meinem Revier. An dieser Art Handel bin ich nicht interessiert, höchstens um die reichen Popper aus den Nobelkiezen zu ärgern, die sich den Abend ein bisschen versüßen wollen. Ich verticke ihnen getrocknete Paprika. Ähnelt Cannabis kein bisschen, weder vom Geruch noch von der Farbe her. Das stört sie offenbar nicht, sie blättern anstandslos die Kohle hin. Aus einem Stück Ahornrinde schnitze ich ein formvollendetes Täfelchen, reibe es mit ein wenig echtem Hasch ein, von wegen Geruch und Farbe, und wickle es in Zeitungspapier. An der Fontaine des Innocents, dem Unschuldsbrunnen, taucht ein Milchbubi im Blazer auf.

»Hast du was dabei?«

»Und du, hast du die Knete dabei?«

Wir werden uns sofort einig, der Blazerträger verschwindet so schnell, wie er gekommen ist. Ich stelle mir vor, was er beim Jointbauen für eine Fresse ziehen wird. Erst wird er die Blättchen und den Tabak unter der Matratze hervorziehen, dann wird er versuchen, das Zeug zu zerbröseln, bis ihm die Finger bluten. *Na, Jean-Bernard, wie gefällt dir mein Stoff? Kein Wunder, ist reiner Ahorn!*

Abends finden die Kellerfeten statt, »Zulu-Partys« genannt. Wir verstehen uns alle prächtig, die ethnische Herkunft spielt keine Rolle. Und weil wir uns so prächtig verstehen, wissen wir nichts voneinander. Ich kenne den Vor- oder Spitznamen von jedem Typen, sie kennen meinen: der kleine Abdel. Mehr nicht. Ihre Nachnamen sind mir unbekannt, und »Sellou« haben die noch nie gehört. Sie nennen mich den Kleinen wegen meiner Größe, nicht wegen meines Alters, fünfzehn Jahre. Hier sieht man noch viel Jüngere als mich und sogar ein paar arg naive Mädchen. Sie spielen mit dem Feuer, genießen die Blicke dieser Jungs, die stark wie Männer sind. Sie werden es noch bitter bereuen. Ich beobachte das Ganze von der Seite, ohne wirklich teilzunehmen. An einem Abend bin ich draußen bei den Punks, an anderen ziehe ich mich vor dem Regen in den Keller zurück, um meine Ware zu verticken.

»He! Kleiner Abdel! Hab'n Tipp für dich. Ein Mädchen vom Henri-IV-Gymnasium gibt heute Abend eine Party, schicke Wohnung, Nähe Ranelagh. Ihre Alten sind verreist, bist du dabei?«

»Klar!«

In solchen Fällen nistet man sich bei der Gastgeberin ein und feiert brav mit, bis einer zum Aufbruch bläst. Dann lässt man alles mitgehen, was sich lohnt. Mindestens ein aktueller Videorekorder ist immer dabei. Ich stöpsle vorsichtig die Kabel aus und rolle sie sorgfältig auf. Die junge Dame des Hauses sieht es mit Entsetzen. *Was treiben ihre neuen Freunde da? Eben waren die noch so nett! Wie hätte sie das ahnen können? Ach, die bösen Jungs!* Sie schließt sich in ihrem Zimmer ein. Auf der Straße lachen sich die Kumpels bei meinem Anblick halbtot, während ich ganz lässig ein Gerät davontrage, das so viel wiegt wie ich.

»Du bist der Beste, kleiner Abdel!«

Kann man wohl sagen ... An diesem Abend hängen wir an der Place Carrée ab, die ihren Namen gar nicht verdient, weil sie eher rund als eckig ist. Ganz hinten, an der Mauer, geraten plötzlich zwei Typen in Streit. Wir sehen aus sicherer Entfernung zu, halten uns im Hintergrund. Man mischt sich nicht in fremde Angelegenheiten ein. Niemals. Die Typen gehen aufeinander los, so was sieht man jeden Tag.

Weniger alltäglich ist das Blut, das einem der beiden plötzlich aus der Kehle schießt. Ganz und gar nicht alltäglich ist der Reis, der weiß aus dem Schlund des Schwarzen quillt. Er ist tot, eindeutig.

Innerhalb von Sekunden machen wir uns wie eine Schar Tauben vom Acker. Ich habe die Klinge nicht gesehen, die das Fleisch durchtrennt hat, sie muss groß und stark gewesen sein, genau wie die Hand, die sie führte. Entschieden. Darum rühre ich keine harten Drogen an, ich konsumiere sie nicht, und ich verkaufe sie nicht. Dieses Geschäft geht zu weit. Komisch: Obwohl ich mein Tun noch nie hinterfragt, obwohl ich beim Stehlen nicht die geringsten Skrupel habe, weiß ich jetzt schon, dass ich niemals für Geld morden könnte. Die Bullen werden gleich hier sein, ich laufe möglichst weit weg, alle Zeugen haben sich längst über die Stadt und in ihre Katakomben verteilt. Ich habe gesehen, wie der Kopf des Toten auf die Schulter fiel, fast komplett vom Rumpf abgeschnitten. Ich habe gar nichts gesehen.

8

In meinem Viertel wurde auch gestorben, aus Einsamkeit und Verzweiflung – wie man in Städten eben stirbt. Man beging Selbstmord, meistens durch einen Fenstersturz. Das sorgte jedes Mal für Aufsehen. Wir waren Hunderte, insgesamt wohl knapp tausend, in der kleinen Cité, jeder kannte jeden. Wenn einer von uns so plötzlich den Abgang machte, war das ein richtiges Ereignis. Die Alten, die ihre Wohnung normalerweise nicht verließen, kamen ins Treppenhaus, um mit ihren Nachbarn zu sprechen. Eigentlich sagten sie nichts. Einige wollten bloß den Schein wahren, den anderen zeigen, dass ihnen der arme Monsieur Benboudaoud leidtat, der es schließlich nicht mehr ausgehalten hatte. Andere wollten mit ihrem Scharfsinn prahlen, indem sie den Grund für diesen Selbstmord erklärten, natürlich kannten sie als Einzige die Wahrheit.

»Youssef hat das Alleinsein nicht mehr ertragen, seit dem Tod seiner Frau war er so unglücklich, wann ist sie eigentlich gestorben?«

»Das ist mindestens fünf Jahre her. Aber Sie täuschen sich, er hat sich nicht wegen seiner Frau umgebracht.«

Stille, atemlose Spannung, Trommelwirbel, mit offenem Mund wartet der Nachbar auf die große Enthüllung.

»Er hat sich umgebracht, weil er seine Post gelesen hat!«

»Ach ja? Was hat er denn heute Morgen für Post ge-kriegt?«

»Haben Sie das nicht gesehen? Er hielt den Brief noch in der Hand, als er aufgeschlagen ist.«

Stimmt. Der alte Youssef ist zusammen mit seinem Steuerbescheid aus dem siebten Stock gesprungen. Er hat den Wisch unterwegs nicht losgelassen, das muss ihm erst mal einer nachmachen.

Ich sehe diesen anderen Typen wieder vor mir, einen Franzosen, zerstört vom Alkohol und gezeichnet von der Last seines Versagens. Er wohnte zusammen mit seiner Frau, ebenfalls eine Säuferin, im Treppenhaus nebenan. Als sie ihn für einen anderen verließ, stürzte er sich aus dem Fenster. Bloß, dass er im ersten Stock wohnte … Er brach sich sämtliche Knochen, blieb auf dem Rücken liegen, ein Arm irgendwie unter dem Nacken gequetscht, ein Bein auf Taillenhöhe, ein Ellbogen in die Rippen gebohrt. Als die Feuerwehrleute eintrafen, wussten sie nicht, wo sie diesen ausgerenkten Hampelmann anpacken sollten. Sie breiteten eine Rettungsdecke über ihm aus, eine schöne goldene Folie. Der Arme funkelte wie ein Stern, als er starb.

Noch eine Geschichte fällt mir ein, über die meine Kumpels und ich furchtbar lachen mussten, obwohl wir sie furchtbar eklig fanden: Leila, eine stark übergewichtige Frau, die gar nicht mehr aus dem Haus ging, sprang aus dem sechsten Stock. Ihr Körper explodierte auf dem Asphalt mit einem gewaltigen *Platsch*, wie eine überreife Tomate. Und wieder steckte eine Liebesgeschichte dahinter: Ihr Kerl hatte sich in der gemeinsamen Wohnung mit einer anderen Frau zusammengetan. Gegen Ende des darauffolgenden Sommers wurde er dann halb verwest in seinem Bett aufgefunden: Er litt an Krebs im Endstadium, während seine neue Herzensdame sich in den Urlaub verabschiedete. Danach ließ sie die Zweizimmerwohnung von Profis putzen, sie lebt immer noch dort.

Was für ein Pech, wenn ich es recht bedenke: Ausgerechnet ich, der sonst ständig unterwegs war und mich höchstens einmal alle zehn Tage bei meinen Eltern zum Essen blicken ließ, war jedes Mal dabei, wenn ein Nachbar Harakiri machte. Und jedes Mal suchte ich schleunigst das Weite. Die Polizei war nämlich immer gleich zur Stelle, um die Ermittlungen einzuleiten. Auch wenn ich nie genau wusste, weshalb sie nun schon wieder hinter mir her waren, wusste ich eins genau: dass ich ihnen lieber aus dem Weg gehen sollte.

———

Sie suchten mich wegen des Mordes von Châtelet-Les Halles. Die Place Carrée war bereits mit Überwachungskameras ausgerüstet, die den ganzen Tatverlauf gefilmt hatten, bloß dass die Bildqualität zu wünschen übrigließ: Der Mörder ließ sich nicht identifizieren. Ein großer Schwarzer in Trainingsanzug und Turnschuhen, die gab's wie Sand am Meer. Mich hatten sie jedoch wiedererkannt. Ich hatte ja oft genug mit den Bullen zu tun gehabt. Jedes Mal, wenn sie mich erwischten, hielten sie mich so lange fest, wie es das Gesetz erlaubte und versprachen mir beim Abschied, dass wir uns schon bald wiedersehen würden.

Das Wiedersehen erfolgte nach einer simplen Ausweiskontrolle, eines Morgens in einem Vorstadt-Bahnhof, wo
ich gerade aufgewacht war. Ich ging praktisch nie mehr
zur Schule oder nach Hause. Meine Nächte verbrachte
ich in den Vorortzügen, wie die Typen von Châtelet, mit
denen ich abends immer rumhing. Wir vertrieben uns die
Zeit bis zum Morgengrauen, und wenn der Bahnverkehr
gegen vier oder fünf Uhr früh wieder einsetzte, stiegen
wir in irgendeinen Waggon und schliefen ein paar Stunden. Ab und zu blinzelte ich und sah Typen im billigen
Anzug und mit Krawatte vor mir, das Aktentäschchen auf
den Knien, ihnen fehlten nur die Handschellen, um sich
daran zu ketten. Unsere Blicke trafen sich, und es war
schwer zu sagen, wer den anderen mehr verachtete. Ins-
geheim dachte ich *Geh schön schuften, ja, steh jeden Morgen
mit den Hühnern auf, um dir deinen Hungerlohn zu verdienen.
Für mich ist die Nacht noch nicht zu Ende.*

Ich döste wieder ein, die Nähte der Sitze hinterließen
Streifen auf meiner Wange, ich duftete sicher nicht nach
Rosen, aber wo duftet es in Paris schon nach Rosen. Aus
dem Lautsprecher ertönte eine Stimme:

»Saint-Rémy-lès-Chevreuse, Endstation. Bitte alle aussteigen.«

In meinem Ohr ertönte eine Stimme.

»Abdel, wach auf, verdammt, wach endlich auf! Wir
müssen hier raus. Der Zug fährt jetzt ins Depot!«

»Lass mich schlafen …«

Eine andere, schärfere Stimme, deren Besitzer an meinem Arm rüttelte:

»Ausweiskontrolle. Zeig deine Papiere her!«

Ich setzte mich schließlich auf, gähnte herzhaft und wollte gerade einen Blick auf meine Uhr werfen, als mir dämmerte, dass das keine gute Idee war. Der Hungerleider in Uniform hätte bestimmt erraten, dass ich sie nicht zur Kommunion geschenkt bekommen hatte.

»Zum Kaffee hätte ich gern noch ein kleines Croissant ...«

»Schön, dass du schon beim Aufwachen Humor beweist!«

Entspannt reichte ich ihm meine Papiere, die natürlich in Ordnung waren. Als gebürtiger Algerier besaß ich eine Aufenthaltsgenehmigung, die erst vor kurzem verlängert worden war. Außerdem lief bereits mein Einbürgerungsverfahren: In den achtziger Jahren konnte jeder, der länger als zehn Jahre in Frankreich lebte, den blau-weiß-roten Pass bekommen. Da hab ich nicht lange gefackelt. Im Gegensatz zu meinem Bruder, diesem Idioten, der nicht aufgepasst hatte und 1986 nach Algerien zurückgeschickt worden war. Belkacem und Amina verloren einen Sohn, vermutlich denjenigen, den sie lieber behalten hätten. Den anderen würden sie bald auf der Wache abholen müssen.

»Sellou, die Kripo will dich befragen, wir nehmen dich mit.«

»Kripo? Was ist das?«

»Tu nicht so. Kriminalpolizei, das weißt du ganz genau.«

Ich wusste sofort, dass es sich um den Mord vom Châtelet handelte. Der einzige Vorfall, der schwer genug war, um mir eine Audienz auf der Île de la Cité zu bescheren. Ich wusste aber auch, dass man mir nichts anhaben konnte: Ich war bloß Zeuge gewesen und konnte den Mörder noch nicht mal identifizieren. Ausnahmsweise würde ich nicht lügen müssen. Tricksen war nicht nötig: Mir wurde nichts vorgeworfen, ich konnte die Wahrheit sagen, nichts als die Wahrheit. Es hatte eine Rangelei gegeben, eine Messerstecherei, der Typ war zu Boden gegangen, Ende.

Und Anfang meiner Gerichtslaufbahn.

9

Ich bin gerade sechzehn geworden. Vor ein paar Tagen habe ich mich vor dem Disziplinarausschuss des Gymnasiums eingefunden, um meine Karriere als Mechaniker zu beenden. Ich wurde beschuldigt, dem Unterricht wiederholt ferngeblieben zu sein und außerdem dem BWL-Lehrer einen Kinnhaken verpasst zu haben.

»Abdel Yamine Sellou, am 23. April haben Sie Monsieur Péruchon tätlich angegriffen. Bekennen Sie sich dazu?«

Mensch, das ist ja ein richtiger Prozess ...

»Klar ...«

»Immerhin etwas! Versprechen Sie uns, dass es nie wieder dazu kommt?«

»Tja, das liegt ganz bei ihm!«

»Nein, das liegt allein bei Ihnen. Geloben Sie also, es nie wieder zu tun?«

»Nein, das kann ich nicht.«

Der Chefankläger seufzt resigniert. Die Geschworenen lösen weiter Kreuzworträtsel. Meine Dreistigkeit ist nichts Neues für sie. Nach allem, was sie schon erlebt haben, wird es schwer, sie aus der Reserve zu locken. Ich versuche es also mit Humor.

»Sie wollen mich hoffentlich nicht rausschmeißen, Herr Direktor?«

»Liegt Ihnen plötzlich doch etwas an Ihrer beruflichen Zukunft, Abdel Yamine?«

»Na ja ... Mir liegt vor allem was an der Mensa. Am Donnerstag gibt's oft Pommes. Da komm ich gern zum Essen.«

Die anderen im Saal rühren sich immer noch nicht. Nicht mal der fette Schulbeauftragte für Disziplinarfragen, der mir übrigens kein einziges Mal mit Rat und Tat zur Seite gestanden hatte. *Hey, Sie da! Wie wär's mit 'ner Portion Pommes?* Ich stelle mir den Mann als Zeichentrickfigur vor, er wird zum dicken Wolf, seine Zunge hängt bis zum Boden, Speichel trieft auf seinen dicken haarigen Bauch, er schafft es nicht, sich die Tüte mit den knusprigen Pommes zu schnappen, die Rotkäppchen Abdel in den Händen hält.

Der Direktor unterbricht meinen kleinen Tagtraum.

»Ihr kulinarisches Argument dürfte leider nicht ausreichen ... Wir werden uns jetzt beraten, aber der Ausgang steht wohl schon fest. In ein paar Tagen erhalten Sie Bescheid, wir schicken den Brief an die Adresse Ihrer Eltern. Sie können jetzt gehen.«

»Na gut ... Dann bis bald!«

»Wohl kaum ... Viel Glück, Abdel Yamine.«

Der Brief ist noch nicht bei meinen Eltern eingetroffen, und ich habe sie nicht vorgewarnt, ich rede überhaupt nicht mehr mit ihnen. Ich habe mich schon längst von Schule und Familie entfernt. Laut Gesetz kann ich jedoch nur gemeinsam mit einem Erziehungsberechtigten befragt werden. Ein Polizeiwagen holt Belkacem und Amina ab, sie werden zum Quai des Orfèvres Nr. 36 chauffiert, dem Hauptsitz der Kriminalpolizei. Als sie den Flur betreten, döse ich auf einem Stuhl vor mich hin. Sie wirken gleichzeitig eingeschüchtert und traurig. Meine Mutter stürzt sich auf mich.

»Abdel, was hast du getan?«

»Mach dir keine Sorgen. Alles wird gut.«

Meine Verweisung vom Gymnasium ist ihnen nicht so wichtig. Sie wissen sowieso, dass ich mich dort nur alle Jubeljahre blicken lasse (und zwar ausschließlich wegen der Mensa), und haben seit langem jede Kontrolle über mich verloren. Aber sie fürchten sich vor der Befragung, an der sie gleich teilnehmen sollen. Als sie mich das erste Mal beim Kommissariat um die Ecke abgeholt hatten, war es für erzieherische Maßnahmen bereits zu spät gewesen. Und das Ende vom Lied: Wir sind bei den Bullen gelandet, die für die Schwerverbrecher zuständig sind. Was meine Eltern seit Jahren im Stillen befürchtet haben, scheu und hilflos, ist womöglich eingetroffen.

»Abdel Yamine Sellou, du wurdest mit Hilfe der Überwachungskameras an der Place Carrée wiedererkannt, du warst im dritten Untergeschoss des Forum des Halles, als dort ein Mord begangen wurde, in der Nacht vom Blabla, blablabla ...«

Es ist zum Schnarchen. Meine Eltern starren dem Inspektor auf die Lippen, um ihn besser zu verstehen. Beim Wort »Mord« springt meine Mutter auf.

»Keine Angst, Mama, ich war's nicht, ich habe nichts getan! Ich war bloß zur falschen Zeit am falschen Ort.«

Der Polizist ist auf meiner Seite.

»Madame Sellou, ich befrage Ihren Sohn als Zeugen, er steht nicht unter Mordverdacht, hören Sie?«

Sie nickt und nimmt beruhigt wieder Platz. Was ihr und meinem Vater in diesem Moment durch den Kopf geht, weiß ich nicht und werde es nie erfahren. Sie schweigen. Auch später, als wir zu dritt den berüchtigten Quai des Orfèvres verlassen, bleiben sie still. Erst kurz vor Beaugrenelle versucht mein Vater es kurz mit einer Gardinenpredigt, aber meine Mutter wird ihm den Mund verbieten, damit ich nicht gleich wieder verschwinde.

Doch zuerst liefere ich dem Inspektor meine Version: Die Typen von Les Halles hatte ich nie zuvor gesehen, kannte deren Namen nicht, würde sie nie im Leben wiedererkennen. Damit ist das Gespräch aber noch nicht beendet. Der Polizist stellt mir persönliche Fragen, über meinen Alltag, meine Kumpels vom Châtelet, die eigentlich keine sind. Pro forma hält er mir einen kleinen Vortrag. Entweder gehört das zu den Pflichten, für die er bezahlt wird, oder er will sein Gewissen beruhigen. Muss echt frustrierend sein, wenn man mit seiner Arbeit so wenig bewirkt …

»Abdel Yamine, deine Eltern haben ein geringes Einkommen, also bekommst du staatliche Ausbildungsförderung, bleibst dem Unterricht aber fern. Findest du das richtig?«

»Pfft …«

»Das Geld wird dir auch noch direkt überwiesen, auf dein eigenes Konto. Damit könnten deine Eltern wenigstens für deine Kleidung und Ernährung aufkommen.«

»Pfft …«

»Natürlich kommst du prima alleine klar, nicht wahr? Du führst dich auf wie ein kleiner Gockel … Pass auf, ich stelle dich gleich einer Dame vor, sie ist Jugendrichterin und wird sich um dich kümmern, bis du volljährig bist.«

Meine Eltern sagen nichts. Sie verstehen nicht, worum es geht, aber sie wissen bereits, dass man ihnen den Sohn nicht wegnehmen wird. Dass ich nicht in ein Heim für jugendliche Straftäter komme. Sie wissen, dass ich von nun an alle drei Wochen im Justizpalast erscheinen muss und sich trotzdem nichts ändern wird, weder für sie noch für mich. Youssouf, Mohamed, Yacine, Ryan, Nassim, Mouloud – fast alle Jungs von Beaugrenelle stehen unter Aufsicht von Jugendrichtern. So geht es in der Cité nun mal zu. Meine Eltern denken bestimmt, dass es für alle gilt, für Einwanderer- und Franzosenkinder.

———

Die Richterin begibt sich sogar persönlich zu uns ins Vernehmungszimmer. Sie ist eine kleine, rundliche Frau mit sanfter Stimme und einer sehr mütterlichen Art. Zwar spricht sie mit mir wie mit einem Zehnjährigen, aber ohne mich für blöd zu verkaufen. Offenbar will sie mir wirklich helfen … Sie sagt, was los ist, ohne tonnenweise Pathos aufzutragen. Das erlebe ich zum ersten Mal …

»Du gehst wohl nicht so gern in die Schule, Abdel Yamine?«

»Nein.«

»Das kann ich verstehen, du bist nicht der Einzige, dem es so geht. Aber du bist gern nachts unterwegs? Ich habe gehört, dass du etwas Schreckliches gesehen hast, beim Forum des Halles, dort wurde vor deinen Augen jemand ermordet, nicht wahr?«

»Hmm.«

»Meinst du, das tut einem so jungen Mann gut, in solche Situationen zu geraten? Du bist schließlich erst sechzehn.«

Ich zucke mit den Schultern.

»In drei Wochen sehen wir uns wieder, Abdel Yamine. Bis dahin kannst du dir in Ruhe überlegen, was du gern tun würdest. Vielleicht auch, wo du gern leben möchtest. Dann können wir uns darüber unterhalten und sehen, was sich machen lässt. Einverstanden?«

»Ja.«

Zu meinen Eltern sagt sie:

»Madame Sellou, Monsieur Sellou, ich darf Sie daran erinnern, dass Sie für diesen Jungen die Verantwortung tragen, und zwar bis zu seiner Volljährigkeit, die in Frankreich mit 18 Jahren erreicht ist. Bis dahin müssen Sie ihn beschützen, auch gegen seinen Willen. Ein Kind bedeutet keine Last, sondern eine Aufgabe, die Eltern zu erfüllen haben. Können Sie mir folgen?«

»Ja, Madame.«

Diesmal haben sie wirklich etwas begriffen. Nicht alles, aber immerhin etwas. Nachdem mein Vater drei Stunden bei der Kriminalpolizei verbracht hat, mit krummem Rücken und traurigem Blick, wagt er es auf der Straße, seinem Frust freien Lauf zu lassen.

»Hast du gehört, Abdel? Die Dame sagt, wir sind für

dich verantwortlich, also wirst du dich von jetzt an be-
nehmen!«

Gehört habe ich vor allem das Wort »Last«. Ich betrachte diesen armen Mann, der seit dreißig Jahren Kabel anschließt, gemeinsam überqueren wir die Seine, am
Pont Neuf, der mich schon jetzt an so viel erinnert, und
mir kommt mein Leben deutlich aufregender vor als seins.
Plötzlich sieht mich meine Mutter an, ihre Augen sind voller Tränen.

»Abdel, du hast einen Mord miterlebt!«

»War nicht schlimm, Mama. Als hätte ich mir einen
Unfall oder einen Film im Fernsehen angeschaut. Ich war
zwar dabei, aber ich war nicht betroffen, es hatte nichts
mit mir zu tun. Es hat mir nichts ausgemacht.«

Genau wie all die Standpauken, die ich mir anhören
musste.

II

ENDE DER UNSCHULD

10

Ich nutzte die Schwäche meiner Eltern aus und fand nichts dabei. Mit sechs, spätestens sieben hatte ich meine Kindheit und die Segelschiffchen in den Tuilerien hinter mir gelassen, um so frei und unabhängig wie möglich zu leben. Ich beobachtete die menschliche Gattung und stellte fest, dass dort die gleichen Zustände herrschen wie im Tierreich: Auf einen Herrschenden kommen stets mehrere Beherrschte. Und so dachte ich, mit einem bisschen Überlebensinstinkt und Intelligenz findet man bestimmt sein Plätzchen.

Mir war nicht bewusst, dass Belkacem und Amina auf ihre Weise über mich wachten. Immerhin hatten sie die Elternrolle übernommen, ohne dafür richtig gerüstet zu sein, und ich hatte sie als Eltern angenommen. Ich nannte sie ja auch Papa und Mama.

»Kauf mir ein neues Comic-Heft, Papa.«

»Gib mir das Salz, Mama.«

Wenn ich was wollte, bat ich meine Eltern nicht darum, sondern erteilte ihnen Befehle. Ich wusste nicht, dass die Dinge sich normalerweise anders abspielen. Sie wussten es auch nicht, sonst hätten sie mich entsprechend erzogen. Ihnen fehlte eben die Gebrauchsanweisung. Sie hielten es für ein Zeichen von Liebe, wenn Eltern ihren Kindern alles durchgehen lassen. Ihnen war nicht klar, dass man Kindern manchmal etwas verbieten muss, und zwar zu ihrem Besten. Die gesellschaftlichen Benimmregeln waren ihnen praktisch unbekannt, die Höflichkeitsfloskeln und Tischmanieren, die vor allem in den besseren Kreisen so wichtig sind. Wie sollten sie mir also diese Regeln vermitteln oder von mir verlangen, dass ich sie einhalte?

Abends kehrte ich oft mit Strafarbeiten zurück. Meine Mutter sah mich Dutzende, Hunderte Male Sätze abschreiben wie: *Ich darf im Unterricht nicht schwatzen oder meinen Platz verlassen. Ich darf meine Mitschüler nicht auf dem Pausenhof verprügeln. Ich darf nicht mit dem Metalllineal nach meiner Lehrerin werfen.* Ich räumte mir ein Eckchen vom Küchentisch frei, breitete die Blätter aus und begann den Schreibmarathon. Mama bereitete inzwischen das Abendessen zu, ab und an wischte sie sich die Finger an der Schürze ab, trat hinter mich, legte mir eine Hand auf die Schulter und betrachtete die immer größer werdende Zahl von Hieroglyphen.

»Du bist aber fleißig, Abdel. Sehr gut!«

Französisch konnte sie kaum lesen.

Deswegen las sie auch die Beurteilungen nicht, die unten auf dem Zeugnis standen. »Ein Störenfried, der Junge hat nichts im Sinn als Raufereien«, »Lässt sich nur sporadisch im Unterricht blicken«, »Steht auf Kriegsfuß mit dem Schulsystem«.

Auch die Vorladungen, die Lehrer, Schulleiter und später der Gymnasiumsdirektor schickten, las sie nicht. Ihnen allen erklärte ich:

»Meine Eltern arbeiten, sie haben keine Zeit.«

Ich fälschte die Unterschrift meines Vaters ...

Noch heute bin ich davon überzeugt, dass nur Eltern, die selbst im französischen Schulsystem groß geworden sind, zu Elternabenden, Lehrersprechstunden und anderen Pflichtterminen antanzen. Man muss wissen, wie das System funktioniert, und sich anpassen, um in ihm seine Rolle zu erfüllen. Vor allem muss man es wollen. Wie konnte Amina etwas wollen, das ihr völlig fremd war? Für sie waren die Aufgaben klar verteilt: Ihr Mann ging arbeiten und brachte das Geld nach Hause. Sie putzte, kochte und machte die Wäsche. Die Schule übernahm unsere Erziehung. Dass ich ein Rebell war und keine Vorschriften ertrug, ließ Amina dabei außen vor. Sie kannte mich nicht.

Niemand kannte mich wirklich, mal abgesehen vielleicht von meinem Bruder, der aber vor allem Angst hatte. Manchmal spannte ich ihn für kleinere Aktionen ein, die keinen Mut erforderten, wir sprachen kaum miteinander. Als er 1986 ausgewiesen wurde, kratzte mich das nicht. Ich hatte höchstens Verachtung für ihn übrig: Er hatte sich aus dem einzigen Land werfen lassen, in dem er einigermaßen heimisch war, und das nur wegen dem bisschen Papierkram. Schön blöd ... Ich hing mit den Kumpels von der Cité ab. Ich nenn sie Kumpels, weil wir nicht befreundet waren. Wozu denn einen Freund? Um ihm sein Herz auszuschütten? Das hatte ich nicht nötig, weil mich rein gar nichts berührte. Ich brauchte niemanden.

Zu Hause öffnete ich die Briefe aus Algerien nicht, ich interessierte mich nicht für die Absender, sie waren nicht mehr Teil meiner Welt. Ich hatte sogar vergessen, wie sie aussahen. Sie kamen nie nach Frankreich, und wir fuhren nie zu ihnen. Meine Eltern Belkacem und Amina waren zwar einfache Leute, aber sie waren nicht dumm. Sie hatten begriffen, dass man in Paris besser leben konnte als in Algier, sie hatten kein Heimweh. Nie haben sie Matratzen auf das Dach ihres Kombis geladen, um im Sommer mit dem Rest der Herde Richtung Süden zu wandern. Auf der anderen Seite des Mittelmeers hatte ich drei Schwestern und einen Bruder. Für mich existierten die genauso wenig wie ich für sie. Wir waren uns fremd. Ich war der ganzen Welt fremd. Frei wie ein Vogel, unbeherrschbar und unbeherrscht.

11

Gar nicht so übel, die Sache mit der Jugendrichterin. Weil ich keine Ausbildungsförderung mehr bekomme, gewährt sie mir eine kleine Beihilfe. Genug, um mir ein Kebab mit Pommes und Fahrscheine zu kaufen. Alle drei Wochen schau ich in ihrem Büro vorbei, und sie überreicht mir den Umschlag.

Wenn ich mit Turnschuhen antanze, die an meinen ständig wachsenden Füßen zu klein aussehen, steckt sie mir ein paar Scheinchen mehr zu. Was sie nicht kapiert: Je netter sie ist, desto dreister werde ich. Und ich komme damit durch! Schlimmstenfalls zieht sie mir ein bisschen die Ohren lang.

»Du hast doch nichts gestohlen, Abdel Yamine?«

»O nein, Madame!«

»Dein Sweatshirt sieht so neu aus. Steht dir gut, übrigens.«

»Das hat mein Vater für mich gekauft. Er arbeitet, er kann sich das leisten!«

»Ich weiß, dass dein Vater ein anständiger Mann ist, Abdel Yamine … Und was ist mit dir, hast du dich für eine Lehre entschieden?«

»Noch nicht.«

»Aber was machst du denn den ganzen Tag? Wie ich

sehe, bist du im Trainingsanzug, und du trägst gern Turnschuhe. Treibst du Sport?«

»Ja. Kann man wohl sagen.«

———

Ich renne. Renne die ganze Zeit. Renne wie verrückt, um
den Polizisten zu entwischen, die mich vom Trocadéro
bis zum Bois de Boulogne, dem Stadtwald im Westen von
Paris, verfolgen. Schlafen tu ich, wenn überhaupt, in den
Vorortzügen. Ein- bis zweimal die Woche gönne ich mir
zum Duschen ein Zimmer in einem Billighotel. Ich trage
ausschließlich neue Kleidung, die ich nach dem Wechseln
zurücklasse.

Die Touristen drängen sich am Fuß des Eiffelturms
und knipsen sich gegenseitig, reihen sich dabei akkurat
am Trocadéro auf, klick-klack Kodak, das Erinnerungs-
foto ist im Kasten und die Sache quasi geritzt: Die Amis
passen nicht gut auf ihre Spielzeuge auf, halten die Fotoapparate nachlässig in der Hand. Sie sind behangen mit
Regenjacken, Wasserflaschen, Umhängetaschen, die sie
in ihrer Bewegung einschränken. Ich weise lernwillige
Jugendliche in mein Metier ein, mache ihnen vor, wie's
geht. Mit den Händen in den Hosentaschen und der Un-
schuldsmiene von einem, der die Aussicht bewundert,
schlendere ich heran, dann greife ich mir blitzschnell die
Kamera und flitze los gen Westen. Renne durch die Gär-
ten vom Trocadéro, biege ab in den Boulevard Delessert,
die Rue de Passy und steige schließlich an der Station La
Muette in die Metro ein. Bis der Ami geschnallt hat, was
eigentlich los ist, und die Bullen ruft, bin ich längst wieder

in meinem Viertel und hab die Ware verhökert. Der Ring ist bestens organisiert, er operiert an der Station Étienne-Marcel. Dort findet man immer Abnehmer für eine Videokamera, einen Walkman, eine Uhr oder eine Ray-Ban-Sonnenbrille. Mit Brieftaschen geb ich mich nicht ab, das lohnt sich nicht: Seit dem Siegeszug der Scheckkarte haben die Leute fast gar kein Bargeld mehr dabei. Die Elektronik verschafft mir im Gegensatz dazu satte Einkünfte, ohne dass ich mich groß anstrengen muss. Vor allem dank der unentgeltlichen Unterstützung meiner Lehrlinge.

Die Typen, die am Trocadéro abhängen, sind nicht die Hellsten. Oder sie wissen einfach noch nicht, welche Laufbahn sie einschlagen wollen, Dieb oder ehrbarer Bürger. Ihre Väter sind Kaufleute, mittlere Führungskräfte, Lehrer oder Handwerker. Sie selbst sind faule Schüler, die den Unterricht nur die Hälfte der Zeit schwänzen, die den Nervenkitzel suchen, aber noch nicht sicher sind, ob sie ihn wirklich finden möchten. Ein Blick in meine schönen Augen (klein, braun, nichts Aufsehenerregendes) genügt, und sie nehmen ein paar Risiken auf sich. Sie finden mich cool, sind einsam und würden gern ein bisschen mit den großen Jungs spielen. Doch weil sie nicht das Glück hatten, so wie ich in der Cité aufzuwachsen, kennen sie die Spielregeln nicht. Sie verhalten sich wie brave kleine Hunde, die ihrem Herrchen mit hängender Zunge das Stöckchen zurückbringen und sich zur Belohnung ein Stückchen Zucker wünschen. Sie stehlen für mich. Wenn es sein muss, schlagen sie für mich auch zu. Sie übergeben mir die Ware, die sie ohnehin nicht verscheuern können.

Dafür erwarten sie nicht mal ein Dankeschön, und vom Gewinn bekommen sie nichts ab. Sie tun mir leid. Sie sind mir sehr sympathisch.

12

Einmal, zweimal, zwanzigmal werde ich geschnappt. Es läuft immer gleich ab. Erst die Handschellen, dann ab in Polizeigewahrsam, keine Ahnung, wie lange. Heute führt man mich ab, weil ich die Statue von einem gewissen Maréchal Foch bewässert hab, der hoch zu Ross auf seinem treuen Schlachtgaul thront. Wie Lucky Luke auf Jolly Jumper.

»Beschädigung öffentlichen Eigentums. Ab in die Zelle! Wir sehen uns morgen.«

»Meine Eltern werden sich aber Sorgen machen!«

»Ganz und gar nicht, wir geben ihnen Bescheid. Dann wissen sie, dass du wenigstens heute Nacht in Sicherheit bist.«

Ich lasse mir vom Zellenservice ein Sandwich an die neue Adresse liefern. Ich stecke einem Bullen, der mich scheel ansieht – böse Jungs machen ihm Angst –, einen Zwanni zu, und er besorgt mir an der nächsten Straßenecke, was ich will. Weil mir seine Visage nicht passt, scheiß ich ihn trotzdem zusammen, aber richtig.

»Hey, Blödkopf, ich hatte doch Ketchup-Senf bestellt, keine Mayonnaise! Geht das nicht in deine Birne? Kein Wunder, dass die Polizei den Bach runtergeht.«

In einer Zellenecke schläft ein Penner seinen Rausch

aus, in der anderen flennt ein Greis. Aus dem Büro nebenan ruft eine Stimme:

»Schnauze, Sellou!«

»Na hören Sie mal, Herr Inspektor, Ihr Milchmädchen
rückt das Wechselgeld nicht raus.«

Worauf die Stimme genervt erwidert:

»Komm schon, Kollege, gib ihm seine Kohle …«

Der andere stammelt, er hätte sie gar nicht behalten
wollen. Ich feixe.

Weil ich immer im selben Viertel tätig bin, gerate ich immer wieder an dieselben Polizisten. Inzwischen kennen
wir uns so gut, dass wir fast ein freundschaftliches Ver-
hältnis haben. Manchmal warnen sie mich vor.

»Nimm dich in Acht, Sellou, die Zeit rast … Nach
deinem nächsten Geburtstag können wir dich richtig ein-
buchten, klar?«

Darüber lache ich nur. Nicht, dass ich ihnen nicht glaube: Sie werden schon recht haben. Aber erstens fürchte
ich mich vor nichts, das ich nicht kenne, und zweitens
scheint mir Gefängnis kein großes Drama zu sein. Außerdem kommt man schnell wieder raus. Ich seh's doch
bei den Mendys, diesen Senegalesen-Gangs, die sich an
Mädchen vergehen. Sie werden regelmäßig wegen Grup-
penvergewaltigung hochgenommen, fangen sich dafür
höchstens sechs Monate Knast ein, werden mit ein paar
Kilo mehr auf den Rippen und neuem Haarschnitt entlassen, fangen gleich wieder an zu dealen und schnappen
sich ein neues Mädchen. Nur ein einziges Mal wurden
einem von ihnen drei Jahre aufgebrummt, aber bloß,

weil er der Kleinen eine Eisenstange ins Auge gerammt hatte. Das ist übel, keine Frage, und trotzdem werden wir ihn bald wieder in unserer Mitte begrüßen dürfen. Also schreckt mich das Gefängnis kein bisschen. Wenn's dort wirklich so schlimm wäre, würden sich die Häftlinge nach ihrer Entlassung doch gleich eine ehrliche Arbeit suchen, um nie wieder eingelocht zu werden. Ich kann mir mein Sandwich in aller Ruhe schmecken lassen, kein Grund zur Panik. Morgen werde ich aus dem Gewahrsam entlassen, es ist bald Frühling, die Frauen werden in ihre leichten Kleidchen schlüpfen, ich werde wieder baggern gehen, mit den Kumpels einen draufmachen, im Zug von Orsay nach Pontoise, Pontoise nach Versailles, Versailles nach Dourdan-la-Forêt ein unruhiges Nickerchen einlegen. Auf meinem Bankkonto hat sich ein hübsches Polster angesammelt. Fast 12 000 Francs. Ich habe eine sichere Bleibe in Marseille, eine andere in Lyon und eine dritte in der Nähe von La Rochelle. Ich werde mir einen schönen Urlaub gönnen. Mal sehen, was danach kommt. Darüber mach ich mir keinen Kopf.

13

Meinen Achtzehnten habe ich nicht richtig gefeiert. Ich hatte ihn vergessen, war wohl anderweitig beschäftigt. Doch die Bullen hatten sich das Datum offenbar dick im Kalender angestrichen, denn sie haben mich kurz darauf geschnappt. Aus heiterem Himmel, als ich es am wenigsten erwartet hätte, denn an diesem Tag sah ich ausnahmsweise mal keinen Grund zu rennen. Ich wollte sogar ans Meer fahren, um Urlaub zu machen! Wie ein fröhlicher Trottel spazierte ich durch die Stadt: Die Diebstahlanzeigen der Touristen hatten sich monatelang angehäuft, und ich hatte keine Ahnung, dass sie mich jahrelang belasten konnten. Ich lebte tatsächlich wie ein Tier in freier Wildbahn, ohne mir darüber im Klaren zu sein, dass meine Zeit abläuft. Solange ich minderjährig war, konnte man mich wegen solcher Lappalien nicht belangen, also auch nicht verurteilen. Doch als ich achtzehn wurde, galten plötzlich andere Spielregeln, und die Taten, die ich vor meiner Volljährigkeit begangen hatte und die fein säuberlich in meiner Akte festgehalten worden waren, sprachen nicht gerade für mich. Wäre ich nach dem 25. April 1989, meinem achtzehnten Geburtstag, zum gesetzestreuen Bürger geworden, hätten sie nichts gegen mich ausrichten können. Leichtsinnig und unbeschwert, wie ich war – ein fröhlicher Trottel –, machte ich weiter wie davor. Und das ging nicht lange gut.

Ich lief durch den Gang der Metrostation Trocadéro, er ist lang und breit, und zu jeder Jahreszeit bläst dort ein scharfer Wind, der die karierten Schirmmützen auf den Köpfen der Alten und die Seidenschals an den zarten Damenhälsen zittern lässt. Ich sah ein Pärchen auf mich zukommen, beide in Jeans, er hatte sich einen Fotoapparat umgehängt, sie trug einen beigefarbenen Trenchcoat. Innerhalb weniger Sekunden überlegte ich: Soll ich mir den Apparat unter den Nagel reißen? Nein, ich hatte an diesem Tag schon genug Beute gemacht. Weise Entscheidung. Die zwei waren Zivilbullen. Als sie auf meiner Höhe waren, hakte sich ein Arm bei mir ein, packte eine Hand mein Handgelenk. Im Nu wurde ich von vier Typen (wo waren die anderen drei so plötzlich hergekommen?) zu Boden geworfen, mit Handschellen gefesselt und zum Ausgang geschleppt, ausgestreckt, mit dem Kopf nach unten. So schnell konnte keiner gucken. Eine richtige Entführung.

Grauer Beton, zerdrückte Kaugummis, schlanke Beine auf hohen Absätzen, Bundfaltenhosen mit Lederstiefeletten, ausgelatschte Turnschuhe, aus denen behaarte Waden wachsen, ein alter Metrofahrschein, ein gebrauchtes Papiertaschentuch, eine Raider-Verpackung (*der* Pausensnack), Dutzende Zigarettenkippen … Schon klar, warum Superman auf Tiefflüge verzichtet. Endlich stellen sie mich auf die Füße.

»Sie kenn ich ja noch gar nicht! Sind Sie neu? Warum verhaften Sie mich?«

Ich möchte ganz offiziell erfahren, warum ich in diesem netten kleinen, porentief reinen Polizeiwagen sitze, auf keinen Fall darf ich ihnen einen Grund liefern, den sie vielleicht noch gar nicht auf ihrer Liste haben.

»Diebstahl und tätlicher Angriff. Wir haben dich gestern gesehen, wir haben sogar hübsche Fotos gemacht. Heute Morgen übrigens auch!«

»Ach ja? Und wo fahren wir jetzt hin?«

»Wirst du schon sehen.«

Das Gebäude sehe ich zum ersten Mal. Die haben es bestimmt zum Schein errichtet, so wie das Wettbüro in *Der Clou* mit Robert Redford und Paul Newman. Alles ist wie im Film: die grauen Wände, die gelangweilten Sachbearbeiter, die ihre Berichte lautstark in die Schreibmaschine hämmern, und das nicht vorhandene Interesse am Beschuldigten … Man platziert mich auf einem Stuhl, das Büro ist verlassen, wie ich höre, wird der zuständige Mitarbeiter jeden Moment zurückerwartet.

»Kein Problem, ich hab Zeit …«

Ich mache mir genauso wenig Sorgen wie früher. In spätestens zwei Tagen dürfte ich hier wieder raus sein. Was immer geschieht: Ich kann's als neue Erfahrung verbuchen.

»Ich erkläre dir nicht, wie's läuft, das weißt du ja!«, wirft mir ein Inspektor an den Kopf, während er sich mir gegenübersetzt.

»Erklären Sie schon, ich bin ganz Ohr …«

»Du befindest dich ab sofort in Polizeigewahrsam. Ich

werde dich befragen und deine Aussage aufnehmen. Anschließend leite ich sie an den Staatsanwalt weiter, der über die Anklageerhebung befinden wird. Es ist mehr als wahrscheinlich, dass es zur Anklage kommt, kannst du dir ja denken.«

»Okay.«

Ich beobachte das Pärchen von der Metrostation, das zwischen den Büroräumen hin und her wuselt. Ihm baumelt immer noch der Fotoapparat um den Hals, sie hat ihren Trenchcoat mittlerweile ausgezogen. Sie schenken mir nicht die geringste Beachtung. Sie kümmern sich bereits um einen anderen Fall, ein anderes Schlitzohr, eine andere Bagatelle.

Ihr Franzosen, Touristen und Spießbürger, ihr könnt beruhigt schlafen. Die Polizei sorgt für Recht und Ordnung.

14

Vom Kommissariat wurde ich zum Justizpalast gefahren. Der Staatsanwalt erwartete mich schon. Wir wurden uns schnell einig.

»Ihrer Akte entnehme ich, dass Sie am Dienstag und Mittwoch auf dem Platz des Trocadéro beim Begehen mehrerer Straftaten beobachtet wurden: Sie haben verschiedene Touristen bestohlen und dabei eine Videokamera, einen Fotoapparat und zwei Walkmans entwendet, ferner haben Sie zwei Männer tätlich angegriffen, die sich zur Wehr setzen wollten … Bekennen Sie sich zu diesen Straftaten?«

»Ja.«

»Sind Sie mit der sofortigen Vorführung vor dem Strafrichter einverstanden? Ihnen wird ein Pflichtverteidiger zur Seite gestellt.«

»Ja.«

Zu den beiden Polizeibeamten, die neben der Tür warteten, sagte der Staatsanwalt:

»Danke, meine Herren, Sie können ihn jetzt in die Verwahrungshalle führen.«

Die Verwahrungshalle ist im Keller des Gebäudes. Dort brennt das Licht Tag und Nacht, die Uhren werden beschlagnahmt. Ich wurde in eine Zelle geschoben und verlor bald jedes Zeitgefühl. Die Zeit kam mir weder lang noch kurz vor, ich spürte weder Ungeduld noch Angst. Der französische Staat hatte mir freundlicherweise ein Stück Brot, ein Eckchen Camembert, eine Orange, Kekse und eine Flasche Wasser spendiert. Diese Diät konnte ich locker verkraften. Ich dachte: *Es wird immer etwas zu trinken und zu essen geben, egal, was passiert.* Ich dachte: *Den Lauf der Dinge kann ich sowieso nicht mehr ändern.* Ich döste auf meiner Pritsche, die oberste im Dreier-Stockbett, dicht an der Decke. Es war komisch, aber ich vermisste nichts.

———

Ich höre ungewohnte Geräusche. Andere Typen, die weinen, schreien, mit den Fäusten gegen die Zellentür hämmern: Junkies auf Entzug. Das reinste Irrenhaus. Dagegen ist der Film, der direkt unter mir abläuft, viel lustiger.

Zwei Araber, klein und dürr der eine, groß und dick der andere. Der erste läuft pausenlos in der winzigen Zelle auf und ab und vertraut sich dem zweiten an, der bewegungslos auf der untersten Pritsche sitzt. Dick und Doof im Gefängnis.

»Ich bin fertig! Erledigt! Die kommen nicht klar ohne mich, meine Alte, meine Söhne, haben nie gearbeitet. Wenn ich jetzt in den Knast komm, verhungern die!«

Der Dicke grinst, aber er ist ein netter Kerl und bemüht sich, den anderen zu beruhigen.

»Aber nein … Wenn deine Alte keine Wahl hat, wird sie arbeiten! Deine Gören auch! Und wenn du nach Hause kommst, haste mehr aufm Konto als vorher, wirst schon sehen.«

»Glaub ich nicht. Nie und nimmer.«

»Warum biste überhaupt hier?«

»Weil ich 'ne Brieftasche geklaut hab …«

Jetzt muss ich wirklich lachen. Im Vergleich zu diesem Männchen, das locker mein Vater sein könnte, hab ich es mit gerade mal achtzehn Jahren schon zum Schwerverbrecher gebracht. Ich sage nichts, weil ich mir keine Feinde machen will, selbst unter den Schwächsten, aber ich finde es erbärmlich, dass ein erwachsener, fast schon alter Mann sich für eine Brieftasche hopsnehmen lässt. Und sich dann vor Angst in die Hosen macht! Schlimm genug, dass er wegen dieser Lappalie einsitzt, er nimmt das Ganze auch noch ernst. Ich glaube nicht, dass die französische Justiz einen einzigen Franc ihres ohnehin mageren Budgets ausgibt, um so einen Versager zur Strecke zu bringen. Eine Gefahr für das Land stellt er nicht dar, das liegt auf der Hand, und schon der Gedanke ans Gefängnis dürfte ihn von weiteren Straftaten abhalten.

Bald werden wir wissen, was uns blüht: Die Tür geht auf, man holt uns, um uns dem Strafrichter vorzuführen. Wir drei sind nicht die Einzigen, im Flur stoßen wir auf ein Dutzend weitere Beschuldigte. Gemeinsam steigen wir die Treppen zum Gerichtssaal hoch.

Ich bin noch nie in meinem Leben im Theater gewesen, als Kind habe ich aber öfters Stücke im Fernsehen gesehen. Daran muss ich jetzt denken, und ich bin bereit, aus dem Stegreif zu spielen. Die Inszenierung wirkt solide, die Rollen sind ideal besetzt. Einer versucht, die Richter mit Tränen zu erweichen. Ein anderer gibt den reuigen Sünder, wie im Beichtstuhl, zumindest stell ich mir das so vor. Ein Dritter krümmt sich vor Schmerz, oder tut so als ob, obwohl kein Mensch auf ihn achtet. Einer macht auf Snob und pfeift mit gespitztem Mund leise durch die Zähne. Und dann ist da der Erleuchtete, möglicherweise ein echter Schwachkopf, der sich mächtig freut, hier zu sein! Und es gibt mich: Mit den Händen in den Taschen fläze ich mich auf die Bank und warte, bis ich an die Reihe komme, gebe vor zu schlafen, während die ersten Szenen ablaufen. Mit halbgeschlossenen Augen beobachte ich das Geschehen, lasse es genüsslich auf mich wirken. Ich finde neue Arten der menschlichen Gattung, ziehe allerdings immer noch denselben Schluss: Es gibt viele Beherrschte, wenig Herrschende, und die Richter zählen nicht unbedingt zur letzten Kategorie. Sie schwitzen in ihren schwarzen Roben, sie stöhnen bei jedem neuen Fall, sie sehen jeden neuen Beschuldigten nur flüchtig an und gähnen während der kurzen Ansprache des Verteidigers (sie als Plädoyer zu bezeichnen wäre eine Beleidigung für die Rechtsanwälte, die ich aufrichtig bewundere und respektiere). Dann verkündet der Vorsitzende das Urteil und lässt seinen Hammer niedersausen.

»Zum nächsten Fall!«

Offenbar will er's so schnell wie möglich hinter sich bringen. Wenn ich ihn so betrachte, frage ich mich, ob es das wirklich wert ist: Da studiert man jahrelang, um schließlich in diesem staubigen Saal zu landen, auf einem unbequemen Stuhl, und sich Wüstensöhne im Vorruhestand vorzuknöpfen, weil sie eine Brieftasche stibitzt haben. Und was muss man sich überhaupt für ein Studium antun, um so weit zu kommen? Die höheren Söhne aus dem XVI. Arrondissement reden alle davon, dass sie an der Assas-Uni »das Studium des Rechts aufnehmen« wollen. Aber was für ein Recht? Ich allein entscheide, was mein gutes Recht ist. Ich bin achtzehn Jahre und ein paar Wochen alt, ich protze mit meinen Lacoste-Klamotten und wenn ich als ungebetener Gast auf Partys aufkreuze, gabel ich im Handumdrehen ein Mädchen auf, ich schnappe mir den Volvo ihres Papas, brause in die Normandie, um Meeresfrüchte zu essen, lasse das Auto am Straßenrand stehen, wenn der Tank leer ist, und fahre per Anhalter nach Paris zurück. Ich habe noch nicht dazugelernt.

Von zwei Polizisten begleitet verlässt ein Mann den Saal, er heult Rotz und Wasser. Noch auf der Türschwelle winselt er um Gnade.

»Ich tu's nie wieder, Herr Richter, ich schwör's, niemals!«

Der Herr Richter hört ihn nicht mehr, der Herr Richter widmet sich bereits einem anderen Fall. Es ist der Erleuchtete, den man beschuldigt, den Fahrkartenschalter einer Metrostation beschädigt zu haben. Er hat eine Mülltonne gegen die Scheibe geworfen.

Der Verteidiger schaltet sich sofort ein.

»Herr Vorsitzender, bedenken Sie bitte eins: Mein Mandant hat diesem unglücklichen Impuls nachgegeben, als gerade kein Mitarbeiter des Pariser Personennahverkehrs hinter der Scheibe saß. Er wusste also, dass niemand zu Schaden kommen würde.«

»Gewiss, verehrter Herr …«

Wie war der Name doch gleich? Offenbar hat der Richter vergessen, wie der Anwalt heißt. Er wendet sich direkt an den Beschuldigten.

»Von den letzten sechs Jahren haben Sie mehr als fünf in Haft verbracht, und zwar stets wegen ähnlicher Delikte. Können Sie mir erklären, warum Sie immer wieder damit anfangen?«

»Nun ja, Herr Richter, ich bin mutterseelenallein auf der Welt. Und das Leben draußen ist hart ...«

»Verstehe ... Dann können Sie sich gern wieder im Gefängnis aufpäppeln lassen ... Sechs Monate ohne Bewährung.«

Fehlt nur noch, dass er den Angeklagten fragt, ob es ihm so recht sei. Der Erleuchtete strahlt nicht mehr, er lodert vor Freude.

Der Alte mit der Brieftasche wird freigesprochen. Ich werde zu achtzehn Monaten Haft verurteilt, davon acht auf Bewährung. Die Haft muss sofort angetreten werden. Das Urteil wurde innerhalb von Minuten gefällt. Ich habe mich in allen Anklagepunkten schuldig bekannt, ohne groß zu überlegen, die Richter haben nicht nachgehakt, das hätte auch keine neuen Erkenntnisse gebracht.

Zehn Monate Gefängnis also, nicht mal ein Jahr. Das Urteil bringt mich nicht aus der Ruhe. Fast bin ich erleichtert, wie der Obdachlose, der auf freie Unterkunft und Verpflegung aus ist. Tatsächlich träume ich von einem Bett. Ich möchte mich gern eine Weile rar machen. Zwar wartet in Beaugrenelle immer ein Bett auf mich, mit sauberen Laken, die nach Lavendel oder Rosen duften, aber ich habe mich seit Monaten praktisch nicht mehr bei meinen Eltern blicken lassen. Auch wenn ich ihnen meinen Respekt nicht zeige, auch wenn ich mich allem Anschein nach nicht um ihre Meinung schere, bin ich nicht so unverschämt, nach einer durchzechten Nacht im Morgengrauen bei ihnen aufzutauchen, blau und grün von den Schlägen, die ich eingesteckt und ausgeteilt habe. Wenn mein Tag zu Ende geht, beginnt der meines Vaters. Er kippt seinen Kaffee am Küchentisch und sieht freudlos den langen Arbeitsstunden entgegen, die ihm bevorstehen. Er ist alt, und er ist müde. Ich habe schon vor langer Zeit eingesehen, wie unanständig es wäre, zwischen Aminas frisch gebügelte Laken zu schlüpfen.

Ich kann nicht mehr. Ich habe zu oft in den Vorortzügen geschlafen. Ich bin am Ende. Ich möchte eine Wolldecke, warme Mahlzeiten, ich möchte mir am Sonntagabend die »Looney Tunes« im Fernsehen anschauen. Und los geht's. Ab nach Fleury.

15

Willkommen im Erholungsheim.

Der Tag beginnt ganz entspannt mit den Kurznachrichten. Um acht verkündet ein Radiomoderator knatternd wie eine Maschinenpistole, dass im Département Doubs ein Zug entgleist ist, vier Menschen erlitten leichte Verletzungen, die unter Schock stehenden Passagiere wurden von der Feuerwehr evakuiert. Ein Hoch auf die Grande Nation: In der Formel 1 hat Alain Prost den Großen Preis der USA gewonnen. Die Wettervorhersage fürs Wochenende: sonnig, im Nordosten leicht bewölkt, später vereinzelt Gewitter, die Temperaturen typisch für diese Jahreszeit. So langsam werde ich wach, auf die Nachrichten folgt ein schlimmes Lied von Jean-Jacques Goldman, aber es besteht Aussicht auf Besserung: Im Lauf des Tages werden sie bestimmt drei- oder viermal Lambada spielen, anscheinend ist das der große Sommerhit. Das will man uns jedenfalls mit allen Mitteln weismachen ...

Die Riegel schnappen auf. Ich strecke und dehne mich, massiere mir den Nacken, gähne ausgiebig. Bald wird der Kaffee serviert, im Flur rollt der Wagen immer näher. Ich strecke meinen Becher aus, greife mir das Tablett, lege mich wieder hin. Auf Chérie FM läuft gerade Werbung. Eine Horde junger Mädels bricht in Begeisterung aus, weil irgendwelche Schuhe für schlappe 199 Francs zu haben sind. Sie trällern, dass »man schon irre sein müsste, um mehr auszugeben«. Und wenn ich ihnen stecken würde, dass ich einen Haufen Tricks kenne, um gar nichts auszugeben? Ich tunke mein Brot in den Kaffee, die Margarine löst sich auf und bildet winzige gelbe Pünktchen an der Oberfläche ... Frühstück im Bett, was will das Volk mehr? Ein bisschen Ruhe vielleicht. Ich drehe die Lautstärke so weit runter wie möglich, aber das Radio wird bis zum Zapfenstreich weiterdudeln. Ausschalten geht nicht. Liane Foly, Rock Voisine und Johnny Hallyday: Das ist die schlimmste Tortur, der man als Häftling in Fleury-Mérogis ausgesetzt ist. Fast so schlimm wie die Wassertropfenfolter. Man könnte schier wahnsinnig werden, hätte man nicht die Möglichkeit, Mylène Farmers asthmatisches Gejaule mit beruhigendem TV-Schnurren zu übertönen. Ich bin schließlich ein reicher Mann. Bei meiner Ankunft gut 12 000 Francs schwer, und hier muss man nur 60 im Monat springen lassen, um einen Fernseher zu mieten! Das leiste ich mir, logisch. Wir empfangen hier alle sechs Sender, inklusive Canal+. Gerade läuft Teleshopping.

Der Moderator Pierre Bellemare will, dass ich ihn anrufe. Er würde mir gern ein Waffeleisen verkaufen. Ich seh mich in meiner Zelle um, ein kurzer Blick genügt, nicht nötig, extra aufzustehen. *Tut mir leid, lieber Pierrot, aber mein Schrank ist voll, da passt kein Puderzucker mehr rein.* Der Schrank ist voller Zigarettenschachteln (für bedürftige Neulinge, ich selbst rauche nicht) und Kekse der Marke Pepito (für meine Teepause). Wenn ich was kaufen will, geb ich einfach meine Häftlingsnummer an, die gleichzeitig meine Kontonummer ist. 186 247 T. Der Betrag wird direkt abgebucht, Umsatzsteuer und Sozialversicherungsbeiträge fallen nicht an. So versüße ich mir den Alltag, nachdem mein Start hier schon mal gar nicht so übel war. Am Tag meiner Ankunft wurde ich von Ahmed begrüßt, einem Kumpel aus Beaugrenelle. Weil er kurz vor seiner Entlassung stand, hat er mir das Nötigste vererbt: den Schwamm und das Waschpulver, den rechteckigen Rasierspiegel mit rosa Plastikrand, die hautschonende Seife, den CD-Player, natürlich mit Kopfhörern, die Thermosflasche, um das Wasser kalt oder den Kaffee warm zu halten.

Mein bislang unbegrenzter Lebensraum ist auf wenige Quadratmeter zusammengeschrumpft. Ich kann trotzdem atmen. Am späten Vormittag schlägt mir ein Wärter vor, ein bisschen frische Luft zu schnappen. Das ist kein Muss, ich kann auch weiter Teleshopping machen und über die Schnäppchen-Welt des alten Schnauzbartträgers staunen. Aber ich geh gern raus. Im Hof lassen sich oft Geschäfte abwickeln. Die Frischlinge brauchen ihre Gitanes, vielleicht sind sie im Polizeigewahrsam auf einen mitfühlenden Bullen gestoßen, der ihnen die eine oder andere Zigarette zugesteckt hat, trotzdem sind sie weit unter ihrem üblichen Tagespensum geblieben. Die Neuen sind leicht zu erkennen: Sie tragen die Uniform, die sie bei ihrer Ankunft erhalten haben, sie hatten bisher weder Zeit noch Gelegenheit, ihre eigenen Sachen anzufordern. Und sie stellen sich direkt hinter die Alteingesessenen, um ihre Rauchschwaden einzuatmen, sie stürzen sich auf die Kippen, die diese verächtlich auf den Boden schnippen. Zeit, die Verhandlungen aufzunehmen.

»Hey, ich bin Abdel. Brauchst du Fluppen?«

»Ousmane. Klar, Mann! Was willst du dafür?«

»Diese Jeansjacke da, ist die von Levi's?«

»Für dich ist die doch viel zu groß.«

»Egal, hab schon Verwendung dafür … Vier Schachteln, und du gibst mir die Jacke.«

»Vier? Abdel, Bruder, glaubst du, ich bin bescheuert? Die Jacke ist mindestens dreißig Schachteln wert.«

»Ich biete dir sechs, das ist mein letztes Wort.«

»Sechs Schachteln … damit komm ich höchstens drei Tage aus.«

»Mein letztes Wort.«

»Okay, ich bin dabei …«

Die Übergabe kann nicht während des Hofgangs erfolgen: Das ist gegen die Vorschriften. Sie wird im Lauf des Tages stattfinden, mit Hilfe der guten alten Yo-Yo-Methode, die von den Aufpassern stillschweigend geduldet wird. Sogar die andern Häftlinge spielen mit: Erstens, weil das für ein bisschen Ablenkung sorgt, zweitens, weil jeder früher oder später selbst auf diese Methode zurückgreifen will, und drittens, weil alle Spielverderber aus unserer kleinen Gemeinschaft ausgeschlossen werden. Ich binde die Schachteln mit einem Tuch zusammen, verknote das Ganze mit einem Laken, werfe das Laken aus dem Fenster und lasse es hin- und herpendeln. Sobald genug Schwung in die Sache gekommen ist, kann mein Zellennachbar das Paket auffangen. Er reicht es seinerseits an den Typ neben ihm weiter, und so geht das in einem fort, bis die

Sendung beim Empfänger ankommt. Der verknotet dann die Jeansjacke mit dem Laken und schickt sie mir auf dem selben Weg zurück. Manchmal reißt der Stoff, oder ein ungeschickter Häftling lässt das Laken fallen. Dann landet es unten im Stacheldrahtverhau und ist für immer verloren ... Um das so gut es geht zu vermeiden, sucht man sich Handelspartner, die nicht allzu weit weg »residieren«.

Nach dem Hofgang gibt's Mittagessen. Anschließend Siesta. Morgen ist Besuchstag. Meine Eltern nehmen ihn einmal im Monat wahr. Wir haben uns nichts zu sagen.

»Geht's, mein Sohn? Kommst du klar?«

»Logisch!«

»Und die anderen in deiner Zelle, lassen sie dich in Ruhe?«

»Ich hab ein Einzelzimmer. Für alle die beste Lösung ... Keine Sorge, mir geht's super!«

Wir haben uns nichts zu sagen, aber ich schenke ihnen reinen Wein ein: In Fleury-Mérogis schieb ich eine ruhige Kugel. Man ist hier unter sich. Wir alle haben gebettelt, gestohlen, ein bisschen draufgehauen, gedealt, sind weggelaufen, gestolpert und haben uns schnappen lassen. Nicht weiter schlimm. Die echten Kriminellen sitzen in Fresne ein. Ein Typ namens Barthélemy behauptet, an der Place Vendôme Diamanten gestohlen zu haben. Wir lachen uns alle schlapp: Tatsächlich sitzt er im Knast, weil er einem Anzugträger in La Défense den Mittagssnack aus der Hand gerissen hat, Würstchen mit Pommes. Verurteilt wurde er wegen »immateriellen Schadens«, herrlich!

Nachmittags dreh ich zu jeder vollen Stunde die Lautstärke auf, um die Kurznachrichten zu hören. So erfahre ich, dass Polizisten der Sondereinheit RAID in Ris-Orangis von einem Geistesgestörten in die Falle gelockt wurden. Im Glauben, ihre Kollegen hätten schon die Tür der Wohnung gesprengt, in der sich der Kerl verschanzt hatte, stiegen mehrere bis an die Zähne bewaffnete Bullen durchs Fenster ein. Der Wahnsinnige erwartete sie. Als Sicherheitsbeamter war er ebenfalls bestens ausgerüstet. Er schoss als Erster. Zwei Bullen weniger im Stall. Ich freue mich nicht darüber, aber ich muss auch nicht weinen: Es ist mir schnuppe. Wir leben in einer verrückten Welt, die von Irren bevölkert wird, und ich bin noch lange nicht der gemeingefährlichste von ihnen. Ich dreh die Lautstärke runter, schalte den Fernseher wieder ein. Charles Ingalls sägt Holz, seine Söhne rennen über die Wiese, Caroline kümmert sich im Häuschen ums Kaminfeuer. Ich dämmere weg ...

Ich hab's gut getroffen. Fleury, das ist ein Ferienlager. Besser noch: Club Med, nur ohne Sonne und ohne Miezen. Die Aufpasser, diese netten Animateure, tun alles, um uns glücklich zu machen. Die Knüppelschläge, Beleidigungen, Erniedrigungen kenne ich aus Filmen, hier habe ich so was noch nicht erlebt. Und was den berüchtigten »Seifentrick« unter der Dusche angeht: Das ist bloß eine Legende oder vielleicht eine sexuelle Phantasie. Die Wärter tun mir leid, denn die müssen ihr ganzes Leben hier verbringen. Diese grauen Gebäude tauschen sie am Abend nur gegen ein anderes, das vermutlich auch nicht fröhlicher aussieht. Mit einem einzigen Unterschied: Bei ihnen zu Hause werden die Türen von innen verriegelt, zum Schutz vor bösen Jungs wie uns, die noch nicht eingelocht wurden. Die Männer mit dem Schlüssel sind hier wie dort eingesperrt. Die Häftlinge zählen die Tage bis zu ihrer Entlassung, die Wärter zählen die Jahre bis zur Pensionierung ...

Am Anfang habe ich die Tage auch gezählt. Aber schon nach einer Woche war mir klar, dass ich die Zeit einfach verstreichen lassen und im Augenblick leben sollte, ohne an das Morgen zu denken, so wie früher ... Ich bin artig geworden, habe mich mit meinen Nachbarn gutgestellt. In der Verbindungswand zwischen zwei Zellen befindet sich in Bauchnabelhöhe immer ein Loch mit acht bis zehn Zentimetern Durchmesser. So kann man sich ein bisschen miteinander unterhalten, Zigaretten oder ein Feuerzeug durchgeben oder seinen Nachbarn in den Genuss des Fernsehers kommen lassen, falls er selbst keinen hat. Dafür braucht man nur einen Spiegel so auf den Hocker zu stellen, dass er das Bild entsprechend zurückwirft. Für den anderen ist es nicht sehr bequem, den Film zu gucken, gebückt klebt er mit dem Auge am Loch und muss die Ohren spitzen, um die Dialoge zu verstehen. Aber es ist besser als nichts. An jedem ersten Samstag im Monat sendet Canal+ einen Porno. Kurz bevor es losgeht, trommeln sämtliche Gefangene gegen die Türen, auf die Tische, auf den Boden. Das ist bestimmt kein Aufruf zum kollektiven Ausbruch. Aber was dann? Keine Ahnung. Ich beteilige mich wie alle anderen an diesem Höllenlärm, es macht mir Spaß, auch wenn ich mir oft Stille wünsche. In Fleury-

Mérogis ist es nie still. Niemals. Außer beim monatlichen Porno. Sobald der anfängt, verstummen alle andächtig.

Ich hab gelernt, mich dem ständigen Lärm zu entziehen, indem ich mir einen eigenen Soundtrack bastle. Er besteht vor allem aus Filmszenen. *Spiel mir das Lied vom Tod* ist von 1968, drei Jahre später kam Abdel, das göttliche Kind, auf die Welt. Zum Glück wird mein Lieblingswestern häufig gezeigt, und ich verpasse keine einzige Wiederholung. Inzwischen kenne ich die Dialoge auswendig: »Ist dir wirklich nichts anderes eingefallen, als sie umzulegen? Ich sagte, du solltest sie einschüchtern.« Darauf die furztrockene Antwort: »Ich mach das eben auf meine Art.« Oder: »Am Bahnhof waren drei Mäntel, und in den drei Mänteln standen drei Männer, und in den drei Männern waren drei Kugeln ...« Der Hammer! Manchmal stoße ich auf einen Stummfilm mit Charlie Chaplin und muss so laut lachen, dass die Wärter glauben, ich drehe durch. Auch die Nachrichten im Radio und Fernsehen bringen mich oft zum Lachen. In Creil sind drei Mädchen mit Burka in die Schule gegangen – schon glauben die Franzosen, dass bei ihnen der Mullah regiert. Sie geraten buchstäblich in Panik. So absurd diese Nachrichten, man kann sie einfach nicht ernst nehmen.

Der Tag ist bald zu Ende, Licht und Fernseher schalten sich nach dem zweiten Abendfilm von allein aus. Das Jahr ist bald zu Ende, ich habe meine Zeit praktisch schon abgesessen, wenn man den Straferlass berücksichtigt. Ich hab bestimmt zehn Kilo zugenommen, als ich meine Tage wie ein alter Pascha im Liegen verbrachte. Das steht mir nicht besonders gut. Macht nichts: Draußen warten neue Geschäfte auf mich, dann muss ich wieder auf Zack sein, von null auf hundert beschleunigen, schnell und lange rennen, da werd ich schon abnehmen. Im Juni hatte ich mich vor Gericht schuldig bekannt, weil ich dachte, wenn ich die Wahrheit sage, bin ich umso schneller wieder draußen. Tatsächlich hätte ich nur alles abstreiten müssen, damit man mich bis zum richtigen Prozess wieder auf freien Fuß setzt. Dann wär ich vielleicht untergetaucht, hätte mich bei Kumpels versteckt oder bei meiner Familie in Algerien. Und hätte damit auf eine interessante, völlig schmerzfreie Erfahrung verzichtet.

————

Auch am 9. November liege ich auf meiner Pritsche und schaue fern. Von Christine Ockrent erfahre ich, dass Europa seit 28 Jahren durch eine Mauer geteilt ist. Die Nachrichtensendungen drehen sich alle um das eine große Ereignis: Der Eiserne Vorhang wackelt. Dann zeigen sie Leute, die Steine aus der Mauer brechen und sich mitten in den Trümmern in die Arme fallen. Ein alter Mann spielt vor den Graffitis Geige. Ost und West bildeten bis zu diesem Tag also wirklich zwei völlig undurchlässige Blöcke. Das war keine Erfindung von Drehbuchautoren aus Hollywood, und wenn James Bond echt wäre, würde er sich tatsächlich mit Sowjet-Spionen herumschlagen …

Plötzlich frage ich mich, auf welchem Planeten ich eigentlich gelebt habe, bevor ich nach Fleury-Mérogis kam. Seit sechs Monaten bin ich in einer Zelle eingesperrt und entdecke dabei die Welt. Das ist doch wirklich verrückt.

Die Wärter nennen mich den »Touristen«, weil ich alles auf die leichte Schulter nehme. Als wäre ich hier nur auf der Durchreise.

Meine Zeit ist ohnehin abgelaufen, ich bin schon wieder auf dem Sprung. Danke, Jungs, ich hab mich super erholt, jetzt kann ich mich wieder ins Getümmel stürzen. Ob in Berlin, am Trocadéro, in Châtelet-Les Halles oder im Außenministerium, offenbar herrscht überall das gleiche Chaos. Und falls ich wieder in Fleury landen sollte … ist das auch kein Beinbruch.

16

Ich habe nur ein paar Wochen gebraucht … Einige wenige Tage und Nächte, die kein bisschen langweilig waren. Kaum hatte ich meine Uhr und meine Schnürsenkel in Empfang genommen, nahm ich die Geschäfte wieder auf. Rund um den Eiffelturm waren immer mehr Discmans im Umlauf, und inzwischen hatten ausgebuffte Ingenieure fleißig die Qualität von Videokameras verbessert, die außerdem immer leichter wurden. In Algerien sorgte die Islamische Heilspartei FIS für mächtig Stunk. Für meinen Bruder Abdel Ghany, der andere »Sohn« von Belkacem und Amina, war das der Grund, nach Beaugrenelle heimzukehren. Er hatte keine Papiere und musste irgendwie Geld verdienen: Ich stellte ihn für den Trocadéro ab. Kurze Zeit später fand ich heraus, dass ein Typ namens Moktar so frech gewesen war, meinen Platz zu übernehmen. Mit Hilfe einiger Getreuen nahm ich ihn aus, damit er schleunigst die Fliege machte. Daraufhin schnappte sich Moktar meinen Bruder, um mich unter Druck zu setzen. Der alte Angsthase warnte mich. Ich sollte Moktar das Feld überlassen, ansonsten würde man ihm, meinem geliebten Brüderchen, das Fell abziehen! Dafür war er nun wirklich nicht zurück nach Paris gekommen … Ich musste an meinen Lieblingsfilm denken, *Spiel mir das Lied vom*

Tod: einschüchtern, nicht umlegen … Also ging ich zum größten, kräftigsten – und am schwersten bewaffneten – meiner Kumpels, einem Afrikaner, Jean-Michel. Gemeinsam statteten wir meinem Rivalen einen Besuch ab. Der war von einem Dutzend Söldner umgeben, von denen einige früher für mich gearbeitet hatten, eine hübsche Brünette war auch dabei.

»Mensch, Abdel, du traust dich was, allein hierherzukommen. Bist du lebensmüde oder bloß bekloppt?«

»Ich bin nicht allein, schau mal!«

Jean-Michel holte seine Schrotpistole hervor, Moktars Anhänger verdünnisierten sich sofort, das Mädchen aber blieb, aus purer Neugier. Moktar musste sich bis auf die Unterhose ausziehen, und wir ließen ihn zitternd vor Angst und Kälte zurück, mitten auf dem Platz der Menschenrechte. Und das zu einer Zeit, als die ehrbaren Leute einfach in den nächsten Waggon umstiegen, wenn es in der Metro zu Handgreiflichkeiten kam. So ähnlich verhielten sie sich auch hier, vor dem Palais de Chaillot, sie sahen einfach weg, ohne wirklich überrascht zu sein. Das Mädchen ging mit uns. Moktar bekamen wir nie wieder zu Gesicht.

Ich war gerade aus dem Gefängnis entlassen worden, ich war volljährig, laut Gesetz also voll und ganz für mich selbst verantwortlich. Zum ersten Mal in meinem Leben gab es weder Richter noch Erzieher, weder Lehrer noch Eltern. Keinen Erwachsenen, der mir die Hand gereicht und gute Ratschläge erteilt hätte. Wenn ich nach meinem Aufenthalt in Fleury-Mérogis ein neuer Abdel hätte werden wollen, hätte ich bestimmt jemanden gefunden, der mir dabei hilft. Ich hätte nur zu fragen brauchen. Belkacem und Amina hatten sich nicht von mir abgewandt. Als sie mich kurz vor meiner Entlassung im Gefängnis besuchten, redeten sie mir ins Gewissen, sie verhielten sich, wie verantwortungsbewusste Eltern sich verhalten sollten, wenn ihr Kind auf die schiefe Bahn geraten ist. Mir ging das zum einen Ohr rein und zum anderen wieder raus ... Ich hatte immer noch nichts dazugelernt.

Meine Helden meisterten jede Situation. Der Terminator fing sich zwar Schläge ein, aber er blieb auf den Beinen. Niemand konnte Rambo besiegen. James Bond wich den Kugeln aus, und Charles Bronson zuckte kaum mit der Wimper, wenn er getroffen wurde. Aber ich identifizierte mich gar nicht so sehr mit ihnen, denn für mich war das Leben eher eine Art Zeichentrickfilm. Wer vom Felsen stürzt, landet platt wie ein Pfannkuchen auf dem Boden und rappelt sich einen Moment später wieder auf. Es gibt keinen Tod. Es gibt keinen Schmerz. Schlimmstenfalls wächst einem eine Beule aus der Stirn, und man sieht lauter Sternchen um seinen Kopf kreisen. Doch dann ist man gleich wieder fit und macht dieselben Fehler einfach noch einmal.

Das trifft auch auf mich zu. Ich habe meinen alten Posten am Trocadéro bezogen, nicht bemerkt, dass die Bullen mich im Auge behielten – und sie auch dieses Mal nicht kommen sehen. Das Gleiche wieder von vorn? Von mir aus.

17

Frankreich ist ein wunderbares Land. Es hätte mich als einen völlig hoffnungslosen Fall aufgeben und gleichgültig zusehen können, wie ich mich immer tiefer in kriminelle Machenschaften verstricke. Stattdessen hat es mir eine zweite Chance gegeben, damit ich ein anständiger Mensch werde. Ich habe die Chance genutzt, zumindest nach außen hin. Frankreich ist ein verlogenes Land. Es lässt alle möglichen Gaunereien, Betrügereien, Mauscheleien zu, solange man diskret vorgeht. Frankreich ist ein Land, das sich zum Komplizen seiner abgezocktesten Bürger macht. Das habe ich schamlos ausgenutzt.

Ein paar Monate vor Ablauf meiner Haftstrafe hat ein Sozialpädagoge meinen Fall übernommen. Er kam mich besuchen, war sehr freundlich und wollte mir zeigen, dass es eine Alternative zu Diebstahl und Körperverletzung gibt: einen Beruf! Das Justizsystem und seine Sonderbotschafter wollten also erreichen, was dem Schulsystem nicht gelungen war.

»Wir besorgen Ihnen einen Ausbildungsplatz, Monsieur Sellou. Im nächsten Monat werden Sie von Fleury-Mérogis in den offenen Vollzug nach Corbeil-Essonnes verlegt. Sie sind dann verpflichtet, sich jeden Morgen an Ihren Arbeitsplatz zu begeben und abends zum Schlafen in die Anstalt zurückzukehren. Das Wochenende dürfen Sie bei Ihrer Familie verbringen. Wir werden regelmäßig überprüfen, welche Fortschritte Sie im Verlauf der Ausbildung machen, und auf dieser Grundlage entscheiden, wie es mit Ihnen weitergeht.«

Amen. Ich konnte ja so tun, als würde mich dieser Vorschlag genauso begeistern wie den Sozialpädagogen. In Wahrheit dachte ich keine Sekunde daran, ihn brav in die Tat umzusetzen. Wie naiv musste man sein, um zu glauben, dass ein Junge, der noch nie gehorcht hatte, weder seinen Eltern noch seinen Lehrern, noch den Bullen, plötzlich bekehrt wird? Und überhaupt: Welche Argumente hatte er, um mich zu überzeugen? Keine! Wobei dieser Softi in Anzug und Krawatte gut beraten war, nicht allzu viele Worte zu verlieren ... Ich hatte seiner kleinen Rede aufmerksam zugehört und mir nur die Freiheiten gemerkt, die mir versprochen wurden, nicht die Pflichten. Vor allem hatte ich mir gemerkt, dass ich am Wochenende pennen konnte, wo ich wollte. Also würde ich Corbeil-Essonnes jeden Freitagmorgen verlassen und mich erst Montagabend wieder dort einfinden. Vier Tage in freier Wildbahn ... Ich hab sofort unterschrieben.

———

Drei Wochen nach Beginn meiner Schnupperlehre – als Elektriker, wie Papa! – werde ich vom Sozialpädagogen vorgeladen.

»Gibt es Probleme an Ihrem Ausbildungsplatz, Monsieur Sellou?«

»Äh, nein ... Warum?«

»Wie ich höre, sind Sie die letzten vier Tage dort nicht erschienen.«

Jetzt kapiere ich. Ich war kein einziges Mal dort, um mir zeigen zu lassen, wie man mit Kabel, Schalter und Unterbrecher umgeht. Ich hatte einen Kumpel hingeschickt, sozusagen als Vertretung. Dieselbe Größe, dieselbe Statur: Er sieht mir ähnlich, und ich schau sowieso auf jedem Foto anders aus. Der Schwindel ist erst aufgeflogen, als mein Kumpel blaumachte … Er hätte mir wenigstens Bescheid geben können! Mit dem werd ich noch ein Hühnchen rupfen. Doch jetzt muss ich erst mal den Sozialpädagogen abfertigen. Ich versuch's auf die Mitleidstour:

»Na ja … Die Sache ist die: Ich hab mich da nicht richtig wohl gefühlt … Es kostet schon genug Kraft, sich wieder einzugliedern, aber wenn dann auch noch fremdenfeindliche Witze gerissen werden …«

»Und was wollen Sie jetzt tun? Wenn Sie Ihre Ausbildung nicht fortsetzen, kann ich Sie nicht im offenen Vollzug belassen. Sie müssen dann nach Fleury-Mérogis zurück.«

Oh … Jetzt hab ich aber mächtig Muffensausen! Der Softi weiß also nicht, dass die Bettwäsche in Fleury viel kuschliger ist als in Corbeil! Ich schlucke meinen Stolz runter, mache ein zerknirschtes Gesicht und fange an zu betteln.

»Geben Sie mir eine Woche Zeit, um einen neuen Ausbildungsplatz zu finden. Bitte, Monsieur …«

»Eine Woche. Danach ist Schluss.«

Sieh an! Er hält sich auch noch für knallhart!

»Eine Woche, versprochen.«

An Corbeil stört mich vor allem, dass wir keinen Fernseher im Zimmer haben. Abends muss man spätestens um 21 Uhr zurück sein, trägt sich in eine Anwesenheitsliste ein, unter Aufsicht eines Wärters in Uniform, der ungefähr so schlau aussieht wie der Gendarm von Saint-Tropez ... Am nächsten Morgen gehen die Türen schon bei Sonnenaufgang wieder auf, damit die tapferen Insassen rechtzeitig malochen gehen können. In der Zwischenzeit dreht man Däumchen. Ich mach das nicht länger mit.

Ich habe die Kleinanzeigen studiert. Eine Pizzeria-Kette suchte Ausfahrer. Ich hatte schon so viele Mofas und Vespas geklaut, dass ich sie auch steuern konnte, und ich war so oft durch die Straßen von Paris gerannt, dass ich jedes Arrondissement kannte wie meine Westentasche. Man gab mir den Job. Ein paar Tage lang habe ich die Calzones im Gepäckfach meines Mopeds verstaut, habe an den Haustüren geklingelt und mich schwarz geärgert, wenn niemand aufmachte, habe die Türcodes verwechselt, meine Quattro-Formaggis den unverschämten Typen verweigert, die nicht zahlen wollten, und den Obdachlosen um die Ecke ein paar Margheritas spendiert. Dann habe ich mir eine Bescheinigung ausstellen lassen, die ich dem Sozialpädagogen mit engelsgleichem Lächeln überreichte.

»Gratuliere, Monsieur Sellou. Machen Sie nur so weiter.«

»Mach ich. Ich will mich sogar richtig ranhalten.«

Der Pädagoge traut seinen Ohren nicht.

»Was meinen Sie damit, Monsieur Sellou?«

»Na ja ... Ich will ein bisschen höher hinaus. Um nicht

mein Leben lang als Ausfahrer zu arbeiten. Jetzt gehe ich dem Manager in der Filiale zur Hand.«

»Dann wünsche ich Ihnen von Herzen viel Erfolg.«

Er ahnt nicht, wie weit ich es bringen werde. Sehr weit.

18

Um das Vertrauen der Geschäftsführung zu gewinnen, habe ich einen auf Streber gemacht. So habe ich Einblick in die Funktionsweise der ganzen Firma erhalten, von der Bestellungsaufnahme über die Lieferung an den Kunden bis zur Übergabe der Abrechnung, jeden Abend nach Kassenschluss. Bei der ersten Filiale, die mich angeheuert hatte, wurde ich schnell befördert. Ich beobachtete alles ganz genau und notierte mir die Schwachstellen im System: Auch wenn es anders aussah, hatte der kleine Abdel im Gefängnis seine Lektion noch nicht gelernt. Er hatte sich nicht verändert, er suchte bloß nach einer neuen Masche.

Nach meiner zweiten Festnahme am Trocadéro hatte ich begriffen, dass ich ein neues Business aufziehen musste. Paris hatte sich seit Mitte der achtziger Jahre und meinen Anfängen im Handel mit geklauten Uhren und Kameras verändert. Die Sicherheitsmaßnahmen waren verstärkt worden, um den Touristen einen sorglosen Aufenthalt zu ermöglichen, und die Polizei hatte sich langsam, aber sicher auf Gauner meiner Sorte eingestellt. Weil jeder immer mehr wollte, war das Klima auf der Straße rauer geworden. Wer schnell viel Geld verdienen wollte, handelte am besten mit Drogen. Die Reviere wurden hart umkämpft, es tauchten mehr und mehr Waffen auf. Zwar sah man in den Vorstädten noch keine Typen, die ihre Kalaschnikows so lässig spazieren führten wie harmlose Hunde – was heute zum Alltag gehört –, aber nach und nach bildeten sich die ersten Gangs, die sich gegenseitig mit allen Mitteln einschüchtern wollten. Man musste schließlich sein Revier verteidigen. Maghrebiner und Schwarze schlossen sich nicht mehr so spontan zusammen. Das Aufkommen der Islamischen Heilsfront in Algerien jagte den Franzosen Angst ein. In den Zeitungen war von barbarischen Verbrechen die Rede, man fing an, uns misstrauisch zu beäugen und fast wie Wilde zu behandeln. Ich musste mir wirklich schleunigst ein neues Umfeld suchen.

———

In Corbeil-Essonnes habe ich einen Junkie kennengelernt, der ebenfalls im offenen Vollzug ist. Um zur Arbeit zu fahren, hat er einen Citroën AX gestohlen. Ein paar Wochen lang setzt er mich jeden Morgen in Paris ab. Dann verschwindet er und das Auto mit ihm. Ich fahre wieder mit dem Vorortzug. Inzwischen bin ich wie die tüchtigen Arbeiter, die mich vor knapp zwei Jahren beim Schlafen auf der Sitzbank beobachtet haben.

In seiner Filiale im Quartier Latin weiß Jean-Marc, der Manager, nicht weiter. Seine Ausfahrer kommen oft zu Fuß zurück, mit leeren Taschen. Sie behaupten, man hätte sie vor irgendeiner Haustür ausgeraubt. In Wahrheit haben sie das Mofa verscherbelt, oft für Shit, den Erlös behalten und die Pizzas mit ihren Kumpels geteilt. Wie soll man ihnen das nachweisen? Jean-Marc durchschaut das Spiel, aber ihm sind die Hände gebunden. Man kann keinen Ausfahrer feuern, weil er ausgeraubt wurde. Man kann keinen anzeigen, bloß weil man ihm nicht glaubt. Jean-Marc seufzt schwer und bestellt bei der Firmenzentrale ein neues Zweirad, das bitte schnellstmöglich geliefert werden soll. Ich beteilige mich nicht an den schäbigen Coups meiner Kollegen, ich sag auch nichts dazu, aber so geht's nicht weiter. Ich habe mir eine hübsche kleine »Umstrukturierungsmaßnahme« überlegt, doch solange diese Möchtegern-Meisterdiebe ihr Unwesen treiben, kann ich meine Pläne nicht in die Tat umsetzen. Ich spreche den Manager an.

»Deine Leute verkaufen dich für blöd, Jean-Marc.«

»Ich weiß, Abdel, aber ich kann nichts tun!«

»Es ist ganz einfach, pass auf. Jetzt ist es zehn. Du rufst sie alle nacheinander an und sagst ihnen, dass du sie heute nicht brauchst. Morgen und übermorgen machst du's genauso. Und in drei Tagen schickst du ihnen die Kündigung, von wegen sie wären nicht zur Arbeit erschienen oder so was in der Art.«

»Na schön, aber wer übernimmt in der Zwischenzeit die Lieferungen?«

»Ich kümmer mich darum.«

Polizisten können gegen Straßendiebe oft nur wenig ausrichten, weil sie nicht dieselben Mittel anwenden. Sie rechnen nicht mit ihren üblen Tricks und werden von ihren Einfällen überrumpelt, es ist ein ungleicher Kampf. Aber ich bin bestens auf die Auseinandersetzung mit den kleinen Ratten vorbereitet. Kein Wunder: Ich bin einer von ihnen! Ob sie nun in La Chapelle, Saint-Denis, Villiers-le-Bel oder Mantes-la-Jolie aufgewachsen sind, ist egal. Wir haben alle dieselbe Schule besucht: die Straße.

Ich hab im Nu für Ordnung gesorgt. Plötzlich klagen die Ausfahrer nicht mehr über Überfälle, wer hätte das gedacht, auch die Tageseinnahmen werden jeden Abend ohne Verluste abgeliefert. Und zwar von Yacine, Brahim und ein paar anderen zukünftigen Komplizen. Sie alle spielen mit und verhalten sich ein paar Wochen lang einwandfrei. Sie wissen, dank mir werden sie ihren Verdienst bald mühelos aufstocken können. Bis es so weit ist, stopfen sie sich mit Gratispizzas voll und sind auch damit schon ganz zufrieden!

In meiner Kindheit gab es eine Serie, die ich sehr mochte: *Das A-Team*. Im Fall der Pizzeria bin ich gleichzeitig Face, der hübsche Kerl, dem alles gelingt, und Hannibal, der am Ende jeder Folge sein berühmtes Motto zum Besten gibt: »Ich liebe es, wenn ein Plan funktioniert!« Inzwischen übernehme ich die Urlaubsvertretung für Jean-Marc. Und als er zum Leiter einer anderen Filiale befördert wird, übernehme ich seinen Platz, und alle wünschen mir Glück. Ich habe freie Bahn.

1991 wird noch auf Papier abgerechnet, von Hand. In meiner kleinen Pizzeria verwenden wir sogenannte Bonbücher, sie bestehen aus lauter Doppelseiten mit durchnummerierten Abrissen; mit Hilfe eines eingelegten Pauspapiers wird jede Bestellung automatisch kopiert. Das Original dient als Beleg für den Kunden, der Durchschlag landet in der Zentrale. So stellt man dort fest, wie viel verkauft wurde und wie hoch die Einnahmen in jeder Filiale sind.

Mein Plan ist ganz simpel: Ein Teil der Ware wird unter der Hand verkauft. Wenn ein Kunde am Telefon zwei oder drei Pizzas bestellt, fragt man ihn, ob er einen Beleg will. Bei Familien oder Studenten-WGs fragen wir erst gar nicht. Bei Firmenbestellungen liefern wir den Beleg ungefragt mit. Abends stecke ich die Kopien und die entsprechenden Einnahmen in den Umschlag, der für die Geschäftsführung bestimmt ist. Der Rest ist für uns.

Natürlich muss auch die korrekte Verwendung der Zutaten nachgewiesen werden. Nichts leichter als das: Wenn der Lieferant uns morgens die Teiglinge, kistenweise Schinken und literweise Tomatensoße bringt, biete ich ihm jedes Mal einen Kaffee an. In der Zwischenzeit greifen Yacine und Brahim unauffällig das Rohmaterial für unsere Phantom-Pizzas aus dem Lieferwagen ab. Eine andere bewährte Methode: getürkte Bestellungen, die ich selbstverständlich alle mit Durchschlag im Bonbuch eintrage. Ich denke mir beispielsweise aus, dass ein kleiner Witzbold namens Jean-Marie Dupont de Saint-Martin bei uns anruft und ein Dutzend Riesenpizzas in allen Geschmacksrichtungen ordert. Dumm nur, dass mein armer Fahrer an der angegebenen Adresse bloß auf eine Zahnarztpraxis trifft, in der niemand etwas bestellt haben will. Natürlich ist keiner von uns losgezogen, und die Pizzas wurden auch nicht gebacken. Sie wurden nur aufgeschrieben, damit die Geschäftsführung sie anschließend guten Glaubens als Verlust verbuchen kann.

Zwei Männer haben mich in der Filiale aufgesucht.

»Wir wollen mit dir ins Geschäft kommen: Uns gehört ein leeres Ladenlokal in der Nähe. Wir kaufen einen Pizza-Ofen und ein Mofa, heuern einen Ausfahrer an. Du leitest uns Bestellungen weiter, die hier ankommen, wir übernehmen die Lieferung, und anschließend machen wir fifty-fifty.«

Sie haben ein kleines Vermögen in den Laden investiert und ihre Firma im Handelsregister eintragen lassen, ich habe eine Freundin in der Telefonzentrale eingesetzt, und dann ging es los. Wir machten schon bald einen ordentlichen Umsatz, dann ließ er plötzlich nach. Als ich auf die Idee kam, den Namen der Firma online bei Minitel einzugeben, stellte ich fest, dass sie einen zweiten Laden eröffnet hatten, ohne mir davon zu erzählen. Vom ersten Laden hatte ich die Schlüssel, eines Nachts bin ich hingegangen, habe den Ofen abgebaut – einen dreißigtausend Francs teuren Baker-Sprite –, die Mofas mitgenommen, alles in Einzelteile zerlegt und weiterverkauft. Meine Geschäftspartner hatten nichts gegen mich in der Hand: Wir hatten keine Verträge geschlossen, mein Name tauchte nirgends auf. Danach sind sie ziemlich schnell pleitegegangen. Über diese Geschichte konnte ich nicht einmal lachen.

Die Kumpels und ich waren zufrieden. Wir brauchten nicht viel, uns reichte es, mit den kleinen Fischen zu schwimmen. Wir wollten keine Millionen scheffeln, wir versuchten nicht, besonders schlau zu sein, wir hatten einfach Spaß an unseren nicht allzu miesen Streichen. In unserer kleinen Truppe gab es keine Probleme mit Alkohol oder Drogen. Wir verzichteten auf unnötigen Ballast. Wir waren uns alle einig, dass wir niemals für Geld töten würden und nicht in die Kategorie der wirklich schweren Jungs aufrücken wollten. Wir wollten vor allem eins: unseren Spaß, und zwar in jeder Hinsicht. Manche Kundinnen lernten wir etwas besser kennen. Nach Ladenschluss legten wir bei den Studentinnen noch eine Nachtschicht ein. Es war ein Spiel und wer sich die Schönste angelte, gewann. In den Dachstuben ging es heiß her. Brahim hatte seine ganz eigene Technik: Er tat, als wäre er ein Hellseher, und sagte den Mädchen, dass sie bei den Prüfungen am Jahresende leider, leider durchfallen würden. Anschließend wollte er sie trösten, doch das klappte nicht immer. Unglückspropheten hatten bei Intelligenzbestien nicht automatisch Glück. Ich brachte die Mädchen zum Lachen. Und schon legten sie mich flach.

Das frühe Aufstehen fiel mir schwer, und ich sah nicht länger ein, warum ich mich dazu zwingen sollte. Arbeit ist anstrengend. Ob ehrlich oder unehrlich, immer ist sie anstrengend. Allmählich hatte ich es satt. Wenn ich so weitermachte, würde ich wie diese anständigen Leute werden, die ich doch für Vollidioten hielt. Zu allem Überfluss begann die Pizzeria-Kette, sämtliche Filialen mit Computern auszustatten. Das bedeutete das Aus für mein Bonbuch-System. Ich bat um meine Kündigung, dann bin ich mit meinem Beschäftigungsnachweis beim Arbeitsamt stempeln gegangen. So konnte ich ohne die kleinste Anstrengung zwei Jahre lang Bezüge einstreichen, die fast so hoch waren wie mein offizielles Gehalt.

Ich hatte überhaupt keine Skrupel, das Sozialsystem aus-
zunutzen.

Damals war ich so wie Driss, meine Figur im Film *Ziem-*
lich beste Freunde. Unbekümmert, fröhlich, faul, selbstver-
liebt, aufbrausend. Aber nicht wirklich böse.

III

PHILIPPE UND
BÉATRICE POZZO DI BORGO

19

Hamburger verkaufen. Paletten vom LKW in die Lagerhalle, von der Lagerhalle zum LKW befördern. Und das Gleiche wieder von vorn. Einen Benzintank füllen, das Rückgeld aushändigen, das Trinkgeld einstecken. Wenn es eins gibt. Nachts ein menschenleeres Parkhaus bewachen. Erst gegen den Schlaf ankämpfen. Dann schlafen. Feststellen, dass das Resultat dasselbe ist. Strichcodes in den Computer eingeben. Verkehrsinseln begrünen. Im Frühling die Stiefmütterchen durch Geranien ersetzen. Sofort nach der Blüte den Flieder schneiden ... Drei Jahre lang habe ich alle möglichen Jobs ausprobiert. Komisch, aber ich habe mich zu keinem wirklich berufen gefühlt. Ich folgte den Vorladungen zum Arbeitsamt genauso, wie ich zwischen sechzehn und achtzehn zum Richter gegangen bin. Sich sanft und gefügig zu zeigen war die unabdingbare Voraussetzung, um sein Arbeitslosengeld zu bekommen. Hin und wieder war etwas mehr Einsatz gefordert. Als Zeichen für den guten Willen. Nichts, was wirklich wehtut. Hamburger verkaufen halt ... Die Bulette zwischen die Brötchenhälften klemmen. Den Mayo-Spender runterpressen. Beim Senf nicht zu doll drücken. Ich hab das Handtuch schnell geschmissen. Ich schnappte mir eine Familienportion Pommes, schüttete eine Kelle Ketchup drüber und verabschiedete mich mit einem breiten Lächeln vom Team. Sie stanken alle nach Bratfett. Danke, ich verzichte.

Ich sollte mir Arbeit suchen. Aber ich suchte nicht sehr verzweifelt, so blieb mir ziemlich viel freie Zeit. Tagsüber und nachts feierte ich weiter mit meinen Kumpels, die meinen, sagen wir, ungezwungenen Lebenswandel teilten. Sie malochten vier Monate, das Minimum, um Anspruch auf Unterstützung zu haben. Dann stempelten sie beim Arbeitsamt und schlugen sich ein, zwei Jahre so durch. Strafbar machten wir uns nicht mehr, weder sie noch ich, oder kaum. Es kam natürlich vor, dass wir nachts auf einer Baustelle aufkreuzten, um mit einem Schaufelbagger herumzuspielen, oder im Bois de Boulogne ein Motorroller-Rodeo veranstalteten, aber wir taten nichts, was brave Mitbürger aus der Ruhe aufgeschreckt hätte. Wir gingen ins Kino. Wir betraten den Saal durch den Notausgang, verließen ihn vor dem Abspann des Films. Ich war beinahe ein anständiger Kerl geworden. Zum Beweis: Einmal trat ich meinen Platz einer hübschen Mama ab, die sich mit ihrem Söhnchen *RoboCop 3* ansehen wollte. Der Kleine trug ein Paar hübsche knöchelhohe Sneakers, amerikanische, aus Leder. Für sein Alter hatte er recht große Flossen, und die Treter hatten es mir angetan. Um ein Haar hätte ich ihn gefragt, wo er sie gekauft hatte. Auf die Idee, sie ihm wegzunehmen, bin ich nicht mal gekommen, so einfach ist das. Danach habe ich mir ein kleines bisschen Sorgen gemacht: *Na, Abdel, biste plötzlich alt oder was?* Ich habe mich aber gleich wieder gefasst. Ich brauchte diese Basketballschuhe nicht wirklich …

Die Vorladungen vom Arbeitsamt wurden zu meinen Eltern geschickt. Ich fand die Post in der Diele auf einem Heizkörper, dort, wo mich ein paar Jahre früher die Briefe aus Algerien erwartet hatten. Die Verbindung zwischen meinem Heimatland und mir war schon seit langem abgebrochen. Mit Belkacem funktionierte sie schlecht wegen der politischen Lage in Algier. Wenn er die Nachrichten schaute, zuckte mein Vater mit den Schultern, überzeugt, dass die Journalisten die Lage wieder mal dramatisierten. Er glaubte nicht, dass die Intellektuellen mundtot gemacht wurden, er glaubte nicht an die Folter, an die Vermissten. Er wusste nicht mal, dass es da unten Intellektuelle gab. Was ist das überhaupt, ein Intellektueller? Einer, der scharf nachdenkt? Ein Professor? Ein Doktor? Und warum sollte man denn einen Doktor umbringen? Belkacem und Amina machten den Fernseher aus.

»Abdel, hast du gesehen? Du hast einen Brief vom Arbeitsamt!«

»Hab ich gesehen, Mama, hab ich gesehen.«

»Und? Machst du ihn denn gar nicht auf?«

»Morgen, Mama, morgen …«

———

Es balanciert nur ein Umschlag auf dem Heizkörper, aber der enthält zwei verschiedene Vorladungen. Die erste fordert mich auf, mich nach Garges-lès-Gonesse zu begeben, wo ich es mit ein bisschen Glück zum Wachmann

125

in einem Supermarkt bringen kann. Garges-lès-Gonesse, ist das 'ne neue Metrostation? Haben sie die ausgehoben, als ich in Fleury saß? Nein, ich seh schon, da steht es, kleingedruckt und in Klammern: Garges-lès-Gonesse im fünfundneunzigsten Departement. Das muss ein Irrtum sein. Ich hab beim Arbeitsamt deutlich gesagt, dass mein Arbeitsplatz nicht außerhalb der Ringautobahn liegen darf. Ich stopfe das Papier in meine Tasche und werfe einen kurzen Blick auf das andere Blatt. Avenue Léopold II, Paris XVI. Na, geht doch! Klingt schon besser! Das Viertel des alten Léo, das kenn ich wie meine Hosentasche. *Folgen Sie dem gelben Regenschirm. Sie erreichen das XVI. Arrondissement über zwei Stationen der Metrolinie neun, Jasmin und Ranelagh, wo Sie großartige Stadtpalais und Herrenhäuser bewundern können, toll, nicht ...* Die Leute dort leben nicht in Wohnungen, sondern in Panzerschränken. Jeder Raum verfügt über ein angrenzendes Badezimmer, in dem man locker zwölf Personen unterkriegt, die Teppiche sind so flauschig wie die Sofas. In diesem Viertel, in dem es kaum Geschäfte gibt, leben alte Tantchen im Pelzmantel, die sich ihr Frühstück von den Feinstkostläden nach Hause liefern lassen. Ich weiß das, weil Yacine und ich uns früher den Spaß erlaubt haben, die Lieferanten zu erleichtern (manchmal auch die alten Tantchen selbst, wir boten ihnen freundlich unsere Hilfe an und machten uns mit den Päckchen aus dem Staub). Wir hatten die eigentlich ehrenwerte Absicht, einen Gastronomieführer zu verfassen, aber davor muss man doch wohl kosten! Wir haben Fauchon, Hédiard, Lenôtre und sogar Fischeier aus ich-weiß-nicht-mehr-welchem-ach-so-renommierten

Haus getestet. Dass man uns nicht für Amateure hält: Wir wussten sehr wohl, dass ein Ramequin unbezahlbar ist und Kaviar enthält. »Kaviaaar«, wie die Eingeborenen sagen. Mal ehrlich, es war ekelhaft.

Also ab in die Avenue Léopold II. Ich schau nicht mal nach, um was für eine Arbeit ich mich bewerben soll: Ich weiß im Voraus, dass nichts daraus wird. Ich will nur den Amtswisch unterschreiben lassen, um beweisen zu können, dass ich mich bei der angegebenen Adresse eingefunden habe. Ich werd ihn ans Arbeitsamt schicken und sagen, nein, leider hat es wieder nicht geklappt. Schon hart, das Leben für die Jungs aus der Vorstadt ...

———

Ich stehe vor der Tür. Weiche zurück. Nähere mich noch einmal. Lege die Hand auf das Holz, ganz vorsichtig, als könnte ich mich verbrennen. Irgendwas stimmt da nicht. Das sieht aus wie das Eingangstor zu einer Ritterburg. *Lasst die Zugbrücke herunter!* Gleich werde ich durch die Mauer hindurch eine Stimme hören. Sie wird mir sagen: »He da, Rüpel, geh deines Weges! Unser Herr verteilt keine Almosen. Verzieh dich, bevor ich dich den Krokodilen zum Fraß vorwerfe!«

Haben Sie schon gehört? Abdel Yamine Sellou geht zum Film. Er spielt Jacquouille La Fripouille in *Die Zeitritter*. Ich halte nach den Kameras Ausschau, im Gebüsch, hinter den geparkten Wagen am Bordsteinrand, hinter dem Rücken der Politesse, die ihre Runde dreht. Ich lache laut vor mich hin in meinem Wahn. Ich muss wie ein Bekloppter aussehen, da auf dem Bürgersteig ... *Ist gut, Abdel, beruhig dich.* Vielleicht hätte ich die andere Vorladung doch nicht wegschmeißen sollen, die für Garges-lès-Gonesse. Beim Arbeitsamt muss ich mindestens eine Unterschrift anschleppen ... Ich überprüfe noch einmal den Namen der Straße. Stimmt. Überprüfe die Hausnummer. Stimmt auch, theoretisch. Trotzdem, etwas ist faul an der Sache. Es sei denn ... Nein! Die werden mich doch nicht zu den Bonzen schicken, um zu putzen!

Noch einen Blick auf die Vorladung, wo die Arbeitsbezeichnung steht: »Hilfskraft als Intensivpfleger für Tetraplegiker«. Was das bloß wieder heißen soll, »Intensivpfleger«? Und Hilfskraft: Ich kenne nur Vollkraft, volle Kraft voraus. Und Hilfsverben, aus der Schule: sein und haben. Klingt nach Philosophie. Bin ich etwa an eine Sekte geraten? Ich seh mich bereits im Lotossitz auf einem Nagelteppich über mein Leben und mein Seelenheil meditieren ... Und Tetraplegiker? Das Wort ist mir noch nie untergekommen. Hört sich an wie Tetrapak. Ein Verpackungsunternehmen vielleicht. Irgendwas Ökologisches, eine andere Logik kann ich jedenfalls nicht erkennen.

Ich berühre noch einmal das Holz, ich muss es spüren, um's zu glauben. Ich bin ganz klein daneben. Hier kämen drei von meiner Größe übereinander hindurch, und mindestens fünfundzwanzig in der Breite! Ich hebe leicht die Nase, sehe einen winzigen, in den Stein eingelassenen Knopf und ein Gitterchen, nur ein paar Quadratzentimeter groß. Eine Gegensprechanlage, die Verstecken spielt. Ich drücke, höre ein Klicken, nichts passiert. Ich drücke noch einmal. Ich spreche zur Mauer.

»Es ist wegen der Anzeige, Hilfskraft und so, das ist doch hier?«

»Treten Sie ein, Monsieur!«

Wieder ein Klick. Doch die riesige Eingangstür bewegt sich kein Stück. Soll ich durch das Holz hindurchgehen oder was? Ich klingel noch einmal.

»Ja-aa?«

»Casper, der freundliche Geist. Kennen Sie den?«

»Äh ...«

»Also, ich bin's nicht! Los, machen Sie mir auf!«

Klick. Klick. Klick. Endlich begreife ich. Wie in jedem Schloss, das was auf sich hält, gibt es einen Geheimeingang ... Und ich hab ihn gefunden! In der großen, gigantischen Tür ist kaum sichtbar eine andere drin, die offenbar für Menschen gebaut wurde. Fluchend mache ich einen Schritt vorwärts. Na prima, das Gespräch hat noch nicht einmal angefangen, und ich bin schon genervt. Jetzt bloß keine Zeit mehr verlieren. Na los, Mittelalterguru, jetzt aber schnell her mit der Unterschrift!

20

Was draußen verdächtig war, ist es auch drinnen. Ich bin durch die Tür gegangen und stehe in einem Niemandsland. Eine solche Halle hätte in Beaugrenelle locker als Spielsalon für das ganze Viertel herhalten können. Hier: nichts, niemand. Kein einziger Kerl, der die Zeit totschlägt, niemand, der sich einen Joint dreht. Die Hausmeisterin taucht in ihrer Loge auf.

»Zu wem möchten Sie?«

»Äh, zum Tapar… zum Tera… zum Tartapegiker?«

Sie schaut mich von der Seite an und zeigt wortlos mit dem Zeigefinger auf eine Tür im Hintergrund. *Ding dong*, wieder ein Klick, aber diesmal öffnet sich der Flügel von alleine. Ich schließe hinter mir. Das ist ja Wahnsinn. Da will mich bestimmt jemand verscheißern, ich bin Opfer einer versteckten Kamera geworden, gleich taucht ein gutgelaunter Fernsehmoderator auf und klopft mir auf die Schulter.

Langsam dämmert mir, dass ich es nicht mit einem Unternehmen, sondern mit einer Privatperson, einem Priva-ti-er, zu tun habe … Allein der Eingangsbereich der Wohnung muss um die vierzig Quadratmeter betragen. Von ihm gehen zwei Räume ab: rechts ein Büro, wo ich eine Frau und einen Mann sitzen sehe, die mit jemandem reden, einem Bewerber wohl, und links ein Wohnzimmer. Na ja, ich nenne das Wohnzimmer, weil es Sofas gibt. Es gibt auch Tische, Kommoden, Stühle, Truhen, Konsolen, Spiegel, Gemälde, Skulpturen ... Und sogar Kinder. Zwei davon, hübsch sauber, die Sorte, die ich nicht sehr schätzte, als ich mit ihnen die Schulbank teilte. Eine Frau kommt mit einem Tablett vorbei. Da sitzen andere Typen, etwas verschüchtert, in billigen Anzügen und mit Mappen auf den Knien. Ich habe meinen zerknüllten Umschlag in der Hand, trage eine ausgewaschene Jeans und eine Jacke, die schon bessere Tage gesehen hat. Seh aus wie ein Kleinganove aus der Banlieue, der acht Tage draußen verbracht hat. Dabei stimmt es nicht mal, heute Nacht habe ich bei Mama geschlafen. Eigentlich seh ich aus wie immer. Schlampig, Null-Bock-Haltung, ein Assi.

Eine Blonde kommt auf mich zu und fordert mich auf, mit den anderen Heinis zu warten. Ich setze mich an einen gigantischen Tisch. Wenn ich meinen Finger aufs Holz lege, bleibt für ein paar Sekunden ein Abdruck darauf zurück. Ich beäuge die Einrichtung. Da ich schon mal hier bin, kann ich ja mal die Fühler ausstrecken, könnte sich vielleicht mal als nützlich erweisen. Aber ich werde enttäuscht: kein Fernseher, keine Videokamera, nicht mal ein schnurloses Telefon. Vielleicht da drüben, im Arbeitszimmer? Ich drücke mich ein bisschen tiefer in meinen Stuhl, klemme die Faust unters Kinn und gönne mir ein Nickerchen.

Alle sieben, acht Minuten taucht die Blonde auf und ruft mit schroffer Stimme den Nächsten auf, der ihr folgen soll. Jedes Mal werfen sich die Typen einen verzagten

Blick zu. Mein Magen beginnt zu knurren. Ich habe geplant, mit Brahim was essen zu gehen, also setze ich den Katzbuckeleien ein Ende und erhebe meine Hand beschwichtigend in Richtung der zögernden Bewerber:

»Bei mir dauert's nur zwei Sekunden.«

Ich flitze Richtung Büro, die Blonde auf den Fersen, falte den Wisch vom Arbeitsamt auseinander und lege ihn auf den Schreibtisch, hinter dem die junge Frau nur unentschlossen wieder Platz nimmt.

»Guten Tag, würden Sie bitte hier unterschreiben?«

Ich habe gelernt, höflich zu sein, damit spart man Zeit. Es sieht aus, als hätten sie Angst vor mir. Weder die Sekretärin noch der Kerl, der neben ihr sitzt, rühren sich. Er erhebt sich nicht, um mir guten Tag zu sagen, aber seine mangelnde Höflichkeit schockiert mich nicht: Ich saß schon oft Typen gegenüber, die mich herablassend behandelt haben, wie einen Hund. Ich hab Routine.

»Relax, das ist kein Überfall! Ich will nur eine Unterschrift, hier.«

Und ich zeige auf das untere Ende des Blattes. Der Mann lächelt, schaut mich schweigend an, er ist drollig mit seinem Seidenschal, passend zum Einstecktüchlein in der Tasche seines Glencheck-Jacketts. Die junge Frau erkundigt sich: »Wozu brauchen Sie eine Unterschrift?«

»Für die Stütze.«

Ich bin rüpelhaft, absichtlich. Mademoiselle und ich leben eindeutig nicht auf demselben Planeten. Endlich macht der andere den Mund auf.

»Ich brauche jemanden, der mich überallhin begleitet, auch auf Reisen … Interessieren Sie sich für das Reisen?«

»Wieso? Brauchen Sie einen Fahrer?«

»Etwas mehr als einen Fahrer …«

»Was soll das sein, mehr als ein Fahrer?«

»Ein Begleiter. Ein Intensivpfleger, eine Art Lebens-hilfe. Das müsste eigentlich auf Ihrem Formular stehen, nicht?«

Der Wahnsinn geht weiter. Ich verstehe nichts von dem, was er mir sagt. Ich stehe einem Mann in den Vier-zigern gegenüber, der im Geld ertrinkt, der von einem Heer Assistentinnen im Faltenrock umgeben ist, die Gö-ren im Wohnzimmer, nehme ich an, sind auch seine, und bestimmt hat er eine hübsche kleine Ehefrau dazu. War-um braucht er noch einen, der ihm auf Reisen Händchen hält? Ich sehe das Problem nicht so ganz und habe keine Lust, meine Zeit zu verlieren, um dahinterzukommen. Es war anstrengend genug, hierherzufinden, ich habe meine ganze Intelligenz aufgeboten, um ins Haus zu gelangen, ich brauche diese verdammte Unterschrift, und ohne sie gehe ich nicht.

»Hören Sie mal, ich begleite ja nicht mal meine Mutter zum Einkaufen … Na los, unterschreiben Sie hier, bitte.«

Die Sekretärin seufzt, er nicht. Er sieht aus, als ob ihm das Ganze immer mehr Spaß macht, und er lässt sich Zeit. Man kommt sich vor wie in *Der Pate*, als der große Boss den jungen Bonzen, die es auf seinen Platz abgesehen haben, zeigt, wo's langgeht. Er spricht ganz ruhig, in bei-nahe väterlichem Ton, mit einer unendlichen Geduld. »Hör zu, Kleiner …« Das ist es … Der Bewohner dieses Palastes ist ein Pate. Vor mir sitzt Don Vito Corleone, er erklärt mir ganz ruhig, was Sache ist, er erteilt mir eine

Lektion. Fehlen nur noch der Teller Pasta und die karierte Serviette um den Hals.

»Ich habe ein Problem. Ich kann mich nicht allein aus diesem Rollstuhl herausbewegen. Ich kann übrigens gar nichts allein tun. Aber wie Sie sehen, bin ich bereits gut umsorgt. Ich brauche nur noch einen kräftigen Jungen wie Sie, der mich dahin bringt, wo ich hinmöchte. Das Gehalt ist gut, und ich stelle Ihnen darüber hinaus eine Dienstwohnung im Haus zu Verfügung.«

Da gerate ich doch ins Wanken ... Aber nicht allzu lange.

»Ganz ehrlich, den Führerschein hab ich, aber ich kenn mich da nicht aus. Alles, was ich bis jetzt gefahren hab, sind Motorroller mit Pizzas im Gepäckfach. Unterschreiben Sie mir das Papier hier und suchen Sie sich einen von denen aus, die im Wohnzimmer warten. Ich glaub nicht, dass ich für Sie der Richtige bin.«

»Die Wohnung interessiert Sie nicht?«

Er legt den Finger auf meinen wunden Punkt. Er sieht einen Rumtreiber, einen kleinen Araber, der in einem solchen Viertel nie und nimmer einen Mietvertrag bekommen würde, einen jungen Kerl ohne jeden Ehrgeiz, einen hoffnungslosen Fall. Und dabei weiß er noch gar nicht, dass ich im Gefängnis war ... Don Corleone hat ein Herz. Er hat keine Beine und keine Arme mehr, aber das juckt mich nicht. Ich selbst habe kein Herz, nicht für die andern und nicht für mich. Ich sehe mich nicht so, wie die andern mich sehen. Ich bin ganz zufrieden mit meinem Los. Ich habe kapiert, dass ich nie alles haben werde, ich kann mich anstrengen, wie ich will, also hab ich's aufgegeben, mehr vom Leben zu verlangen. Der Bankangestellte zittert um seine Quarzuhr, der amerikanische Tourist um seine Videokamera, der Lehrer um seinen Renault 5, der Arzt um sein Häuschen im Grünen ... Wenn sie überfallen werden, rutscht ihnen das Herz in die Hose, und sie strecken einem die Schlüssel zum Safe entgegen, statt sich zu verteidigen! Ich will nicht zittern. Das Leben ist nur ein riesiger Betrug, ich besitze nichts, alles ist mir egal.

»Ich werde Ihr Formular nicht unterzeichnen. Wir probieren es mal. Wenn es Ihnen gefällt, bleiben Sie.«

Dieser Mann hier ist der Einzige, der nicht zittert. Er hat bereits alles verloren. Er kann sich alles leisten, das ist offensichtlich, nur das Wichtigste nicht: die Freiheit. Und trotzdem lächelt er. Ich spüre etwas Merkwürdiges in mir aufsteigen. Etwas Neues. Etwas, das mich stutzen lässt. Mich am Boden festnagelt. Mir die Sprache verschlägt. Ich bin erstaunt, ja, das ist es. Ich bin vierundzwanzig Jahre alt, ich hab schon alles gesehen, alles kapiert, ich pfeif auf alles, und zum ersten Mal in meinem Leben bin ich erstaunt. Na los, was riskier ich denn, wenn ich ihm meine Arme leihe? Ein, zwei Tage, nur so lange, bis ich weiß, mit wem ich es zu tun hab ...

———

Ich bin zehn Jahre geblieben. Ich bin gegangen, zurückgekommen, es gab auch Zeiten des Zweifels, in denen ich weder wirklich weg noch wirklich da war, aber alles in allem bin ich zehn Jahre geblieben. Dabei sprachen jede Menge Gründe dafür, dass es schiefgehen würde zwischen dem Grafen Philippe Pozzo di Borgo und mir. Er stammte aus einer aristokratischen Familie, meine Eltern besaßen gar nichts; er hat die bestmögliche Ausbildung erhalten, ich bin in der Siebten abgesprungen; er sprach wie Victor Hugo, ich machte nicht viele Worte. Er war in seinem Körper eingesperrt, ich spazierte mit meinem überall herum, ohne groß darüber nachzudenken. Die Ärzte, die Krankenschwestern, die Pflegehelfer, sie alle schauten mich scheel an. Für sie, die die Aufopferung zu ihrem Beruf gemacht hatten, war ich zwangsläufig ein Profiteur, ein Dieb, ein Unruhestifter. Ich bin in das Leben dieses wehrlosen Mannes eingedrungen wie der Wolf in den Schafstall. Ich hatte Fangzähne. Unmöglich, dass ich etwas Gutes brachte. Sämtliche Warnlämpchen blinkten auf. Das konnte gar nichts werden mit uns.

Zehn Jahre. Verrückt, nicht?

21

Die Dienstwohnung sagte mir zu. Es gab zwei Möglich-
keiten, sie zu erreichen: entweder von Pozzos Apartment
aus durch den Garten oder über den Parkplatz des Gebäudes. Ich war also unabhängig. Ich konnte ein und aus
gehen – aus vor allem –, ohne gesehen zu werden. Strah-
lend weiße Wände, eine kleine Dusche, eine Kochnische,
ein Fenster zum Garten, ein gutes Bett, eine gute Matratze: Was hätte ich mehr verlangen können? Übrigens
verlangte ich gar nichts, da ich nicht die Absicht hatte zu
bleiben. Als die Sekretärin mir den Schlüssel übergab,
warnte sie mich:

»Monsieur Pozzo di Borgo hat beschlossen, noch einen zweiten Bewerber zur Probe einzustellen. Für den
Augenblick kommen Sie in den Genuss des Apartments.
Aber für den Fall, dass Sie wieder gehen, sind Sie bitte so
freundlich, die Räumlichkeiten so zu verlassen, wie Sie sie
vorgefunden haben.«

»Ja, ja, schon gut, ich werd brav sein ...«

Die Blonde sollte sich einen anderen Ton angewöhnen,
sonst werden wir uns nicht vertragen.

»Wir sehen uns morgen um acht zur Körperpflege.«

Sie war bereits zwei Stockwerke tiefer, als ich verstand.
Ich schrie über das Treppengeländer.

»Körperpflege? Was für eine Körperpflege? He! Ich bin doch keine Krankenschwester!«

Kaum aufgestanden, den Bauch noch leer, auf der Wange den Abdruck des Bettlakens, an den Füßen die Schuhe vom Vortag, erfahre ich, was ein Tetraplegiker ist: ein Toter mit einem funktionierenden Kopf. Er interviewt mich.

»Na, Abdel, haben Sie gut geschlafen?«

Ein Hampelmann, der spricht. Noch muss ich nicht selbst anpacken. Babette, eine antillische Mama von einem Meter zwanzig, nichts als Brüste und Muskeln, übernimmt das mit ebenso viel Präzision wie Energie. Sie betätigt etwas, was sie »Transfermaschine« nennt. Die braucht fünfundvierzig Minuten, um den Körper vom Bett auf den speziellen Duschsessel zu hieven, der aus Plastik und Metall besteht und voller Löcher ist. Und dann, wenn er getrocknet und angezogen ist, noch mal genauso lang vom Duschsessel zum Tagesstuhl. In Fleury hab ich mal abends im Fernsehen ein modernes Ballett gesehen. Das war genauso langatmig und genauso beschissen.

Der Hampelmann feuert seine Truppe an.

»Los, Babette, drehen Sie den Pozzo!«

Den Pozzo. Das Ding. Das Tier. Das Spielzeug. Die Puppe. Ich beobachte die Szene, ohne einen Finger zu rühren. Genauso versteinert wie er. Der Typ ist ein Extremfall unter den Extremfällen. So einen hab ich noch nicht in meinem Inventar der menschlichen Gattung. Er beobachtet, wie ich ihn beobachte. Lässt mich nicht aus den Augen. Sie lächeln, und der Mund manchmal auch.

»Abdel, gehen wir im Café frühstücken, hinterher?«

»Wann immer Sie wollen.«

Ich werfe einen Blick in den Badezimmerspiegel. Mein Feiertagsgesicht. Verschlossen und verriegelt. Wenn man mir begegnet, wechselt man die Straßenseite. Und der Pozzo findet das witzig.

———

Wir richten uns auf der Terrasse ein, unter dem Heizpilz. Ich zische schweigend meine Cola und warte auf die nächste Etappe.

»Abdel, könnten Sie mir bitte helfen, meinen Kaffee zu trinken?«

Ich seh einen Superhelden vor mir, Super-Tetra. Er schaut seine Tasse an, sie schwebt hoch bis zum Mund, er öffnet die Lippen, sie neigt sich. Einmal kurz gepustet, und die Flüssigkeit hat die gewünschte Temperatur. Nein, so was mögen die Kids nicht. Nicht genug Action. Ich pfeife die Idee zurück und schnappe mir den Kaffee. Aber dann fällt mir etwas ein.

»Zucker?«

»Nein danke. Wie wäre es mit einer Zigarette?«

»Nein, ich rauche nicht.«

»Aber ich! Und Sie könnten mir eine geben!«

Er lacht. Und ich steh da wie ein Vollidiot. Ein Glück, dass mich hier in der Gegend keiner kennt ... Ich stecke den Filter zwischen seine Lippen, lasse das Zippo klicken.

»Und was machen wir mit der Asche?«

»Keine Sorge, Abdel, das schaffe ich schon ... Reichen Sie mir doch bitte die Zeitung.«

Die *Herald Tribune* gehört offenbar zum Morgenritual, denn die Blonde hat sie mir zum Abschied unter den Arm geschoben, ohne dass er danach verlangt hat. Ich lege sie auf den Tisch. Nehme einen Schluck Cola. Tetraman sagt nichts. Er lächelt, unbeirrt, wie gestern bei meinem »Vorstellungsgespräch«. Irgendetwas stimmt nicht, ich spür's deutlich, aber was? Er klärt mich auf.

»Sie müssen die Zeitung aufschlagen und so vor mich legen, dass ich sie lesen kann.«

»Äh, ja, natürlich! Aber sicher!«

Die vielen Seiten und Spalten und Wörter pro Spalte machen mir ein bisschen Angst.

»Wollen Sie das wirklich alles lesen? Und auch noch auf Englisch, das dauert aber!«

»Machen Sie sich keine Sorgen, Abdel. Wenn wir für das Mittagessen spät dran sein sollten, rennen wir einfach.«

Er vertieft sich in seine Lektüre. Ab und zu bittet er mich umzublättern. Er beugt den Kopf vor, und die Asche fällt, knapp an der Schulter vorbei, zu Boden. Er kommt zurecht, tatsächlich ... Ich starre ihn an wie einen Außerirdischen. Ein toter Körper, verkleidet als lebendiger Körper eines Bourgeois, eines wohlhabenden Großbürgers aus dem XVI. Arrondissement. Ein Kopf, der wie durch Magie funktioniert. Noch seltsamer ist, dass dieser Kopf ganz anders funktioniert als die anderen Köpfe dieser Klasse, die auf bewegungsfähigen Körpern sitzen. Ich mag die Bourgeois, weil man sie ausnehmen kann, aber ich hasse die Welt, in der sie leben. Normalerweise haben sie überhaupt keinen Humor. Aber Philippe Pozzo di

Borgo lacht über alles und am meisten über sich selbst. Ich wollte maximal zwei, drei Tage bleiben. Vielleicht brauche ich doch etwas länger, um hinter dieses Geheimnis zu kommen.

22

Ich sagte, dass Fleury-Mérogis mir vorkam wie ein Ferienlager. Das ist ein kleines bisschen übertrieben. Es stimmt,
dass sich die Aufseher um die Häftlinge kümmerten, als
wären sie ihre Mamas, dass es keinen sexuellen Miss-
brauch gab, dass der Warenverkehr sich in Form von
Tauschhandel und nicht Erpressung abspielte. Ich habe
die schlechten Seiten des Gefängnisses ein bisschen ver-
harmlost. Die ersten Tage hat man mich zu zwei anderen
Typen in die Zelle gesteckt. Das Aufeinandergepfercht-
sein war das Einzige, was ich nicht aushalten konnte. Ich
kam damit klar, die Freiheit verloren zu haben, wie ein
Hund aus einem Blechnapf zu essen, die Toilette in der
Zelle zu haben und die entsprechenden Gerüche dazu.
Vorausgesetzt, es waren meine Gerüche.

Meine Mitbewohner kamen rasch überein, *dem Jung-
chen da zu zeigen, wie der Hase läuft* ... Ich hab sofort die
Verwaltung auf den Plan gerufen. Entweder ich werde
von ihnen getrennt, oder es gehen ein paar Knochen in
die Brüche. Sie haben nicht auf mich gehört; einer der
Kerle hat einen Ausflug in die Notaufnahme von Ivry
gemacht. Und da ich mich schließlich bloß gegen ein Paar
übelgesinnte Muskelpakete gewehrt hatte, teilte mir die
Gefängnisleitung eine Einzelzelle zu, man war schließ-

lich darauf bedacht, den Zwischenfall schnellstmöglich aus der Welt zu schaffen. Von da an behandelten mich die Aufseher wie Mütter, und ich war ihr artiges Mustersöhnchen. Beim Hofgang hielt ich mich schön in der Mitte, in einiger Entfernung von den Mauern, wo die Junkies auf Entzug und die Depressiven um ihre Medikamente feilschten. Das Yo-Yo-System über die Fenster eignete sich nicht gut für die Gelatinekapseln, die sind zu leicht. Also nahmen die Kerle das Risiko auf sich, ihren Handel im Hof abzuwickeln, sie hatten keine andere Wahl. Regelmäßig erschallte eine Stimme aus dem Lautsprecher.

»Der gelbe und der blaue Kittel neben dem Pfosten, sofort auseinander!«

Im Gefängnis schallten überall Stimmen, die ganze Zeit. Dabei waren die Zellen schalldicht isoliert: Der Nachbar musste den Ton des Fernsehers schon voll aufdrehen, um die anderen zu nerven. Komischerweise drangen die Schreie der Männer durch alles hindurch. Ich sagte, dass die Aufseher wie Mamas waren und die Typen einander respektierten, weil ich nichts anderes gesehen habe. Aber gehört habe ich.

Ich mag die Geräusche von Beaugrenelle, die Kids, die ihre Sohlen über den Asphalt schleifen, und die Concierge, die die Kippen wegfegt. Frrrt, frrrt ... Ich mag die Geräusche von Paris, die knatternden Motorroller, die Metro, die an der Bastille aus dem Untergrund schießt, die Warnpfiffe der Schwarzhändler und sogar die heulenden Sirenen der Polizeiautos. Bei Philippe Pozzo di Borgo mag ich die Stille. Das Apartment geht auf einen Garten hinaus, der von der Straße nicht zu erahnen ist. Ich hatte nicht einmal gewusst, dass es so was gibt, einfach so, mitten in Paris. Nach seinem Kaffee betätigt er mit dem Kinn den Mechanismus und fährt sein elektrisches Wägelchen ans Glasfenster, wo er sich eine Stunde nicht mehr vom Fleck rührt. Er liest. Und ich entdecke das für einen gebildeten Tetraplegiker unentbehrliche Zubehör: den Leseständer. Man klemmt das Buch fest – ein Ziegelstein von tausend Seiten, ganz ohne Fotos, in winzigen Buchstaben gedruckt, eine wahre Selbstverteidigungswaffe –, ein Stab aus Plexiglas blättert um, wenn Monsieur Pozzo es mit einer Kinnbewegung befiehlt. Da zu sein ist Teil meines Jobs. Kein Laut ist zu hören, ich drück mich in die Couch, schlafe.

»Abdel? Hallo, Abdel!«

Ich schlage ein Auge auf, strecke mich.

»Ist das Bett oben nicht bequem?«

»Doch, doch, aber ich hab gestern meine Kumpels getroffen, also ruh ich mich ein bisschen aus …«

»Tut mir leid, Sie zu stören, aber das Gerät hat zwei Seiten auf einmal umgeschlagen.«

»Aber das ist doch nicht schlimm. Fehlt Ihnen ein Stück von der Geschichte? Soll ich es Ihnen erzählen? So sparen Sie Zeit!«

Ich würde alles tun, um meinen Spaß zu haben. Ich hab nichts dagegen, bezahlt zu werden, um zu schlafen, aber wenn ich die Wahl habe, möchte ich doch lieber bezahlt werden, um zu leben.

»Warum nicht? Abdel, haben Sie *Die Wege der Freiheit* von Jean-Paul Sartre gelesen?«

»Na klar! Das ist die Geschichte vom kleinen Jean-Paul,
oder? Also, der kleine Jean-Paul geht spazieren, im Wald
zum Beispiel, er sammelt Pilze, er singt vor sich hin, ein
wenig wie die Schlümpfe, la-la, lalalala … Und plötzlich
macht der Weg eine Kurve. Da zögert er, he, logisch, er
weiß ja nicht, was nach der Biegung kommt, stimmt's?
Und dann täuscht er sich, richtig, er täuscht sich, denn
was kommt hinter der Biegung, na, was denn, Monsieur
Pozzo?«

»Aber das frag ich Sie, Abdel!«

»Die Freiheit. So. Und deswegen heißt das Buch ›Die
Wege der Freiheit‹. Ende des Kapitels, Schluss, aus, jetzt
machen wir das Buch zu. Na, Monsieur Pozzo, wollen wir
ein bisschen raus?«

Unglaublich weiße Zähne hat dieser Typ. Wenn er
lacht, kann ich sie gut sehen. Weiß! Weiß wie die Fliesen
oben in meinem Badezimmer.

23

Ich kann mich nicht daran erinnern, dass ich mich zum Bleiben entschieden hätte. Auch nicht, dass ich einen Vertrag unterzeichnet oder zu meinem neuen Chef gesagt hätte, *Na dann, die Hand drauf!* Am Tag nach der ersten aberwitzigen Pflegestunde und dem anschließenden Kaffee mit der *Herald Tribune* ging ich nach Hause, um die Unterhose zu wechseln und eine Zahnbürste zu holen. Meine Mutter lachte.

»Na, mein Sohn, ziehst du zu deiner Freundin? Wann stellst du sie uns vor?«

»Du wirst es nicht glauben: Ich hab Arbeit gefunden. Inklusive Verpflegung und Unterkunft. Bei den Reichen gegenüber, auf der anderen Seite der Seine!«

»Bei den Reichen! Du machst mir doch keine Dummheiten, oder Abdel?«

»Na, das wirst du mir wohl auch nicht glauben …«

Ich vermute, sie hat mir wirklich nicht geglaubt. Ich rauschte ab, um Brahim aufzusuchen, der damals im Pied de Chameau arbeitete, einem angesagten orientalischen Restaurant (ja, auch Brahim ist ein braver Junge geworden). Ich erzählte ihm von Philippe Pozzo di Borgo, von seinem Zustand und wie er wohnt. Ich habe fast gar nicht übertrieben.

»Brahim, stell dir vor: Bei diesem Typen bückst du dich, ziehst an einem Faden, der zwischen den Dielen hervorschaut, und du hast 'nen Geldschein in der Hand.«

Ich sah, wie sich in seinen Pupillen das Dollarzeichen formte wie die Goldbarren in den Augen von Onkel Dagobert.

»Nein, Abdel ... Du spinnst! Das stimmt nicht.«

»Logisch stimmt das nicht. Aber ich übertreib fast gar nicht, ich schwör's.«

»Und der Typ, der bewegt sich kein bisschen?

»Nur mit dem Kopf. Der Rest ist tot. Dead. Muerto.«

»Aber sein Herz, das schlägt doch wenigstens?«

»Noch nicht mal da bin ich mir sicher. Eigentlich weiß ich nicht, wie das geht, ein Tetraplegiker ... Na ja, doch, ich weiß, das geht gar nicht!«

———

Ich erinnere mich kaum an die ersten Tage in der Avenue Léopold II, wahrscheinlich weil ich nur unregelmäßig da war. Ich versuchte nicht, zu gefallen, schon gar nicht, mich unentbehrlich zu machen. Keine Sekunde habe ich mich zurückgelehnt, um über meine Situation nachzudenken oder darüber, was mir die Arbeit mit dem drolligen behinderten Mann in diesem Haus bringen könnte, oder was ich selber dieser Familie bringen könnte. Vielleicht hatte die Zeit wie bei jedem andern auch bei mir ihre Spuren hinterlassen, doch das war mir nicht bewusst. Ich hatte schon ziemlich unterschiedliche Erfahrungen gesammelt und zwangsläufig ein paar Lehren aus ihnen gezogen, aber ich habe nie etwas davon in Worte gefasst, weder laut noch still für mich im Kopf. Sogar im Gefängnis, wo die Tage lang waren und sich eigentlich gut zum Nachdenken geeignet hätten, stumpfte ich mich mit Fernsehen und Radiohören ab. Angst vor dem Morgen kannte ich nicht. In Fleury, das wusste ich, glich die nahe Zukunft der Gegenwart. Draußen gab es auch nicht viel zu befürchten. Keinerlei Gefahr in Sicht. Ich hatte so großes Vertrauen in mich, dass ich mich für unbesiegbar hielt. Ich *glaubte* mich nicht unbesiegbar, nein, ich *wusste*, dass ich es war!

Für den Transport vom Gericht auf der Île de la Cité nach Fleury-Mérogis hatten sie mich in einen Zellenwagen verfrachtet. Das ist ein Kleinlaster, der hinten mit zwei engen Kabinenreihen ausgestattet ist. Ein einziger Häftling pro Kabine, unmöglich, mehr davon hineinzupacken. Man kann darin stehen oder sich auf ein eingeklemmtes Holzbrett setzen. Die Handschellen bleiben dran. Das Fenster in der Tür ist vergittert. Man blickt nicht raus auf die Landschaft: Vor sich hat man dieses Drahtgitter, dann kommt ein enger Durchgang, dann eine weitere Zelle, in der ein anderer mit demselben Ziel eingesperrt ist. Ich versuchte nicht in der düsteren Kabine sein Gesicht auszumachen. Ich war nicht besonders niedergeschlagen, besonders glücklich natürlich auch nicht. Ich war abwesend, sowohl für die anderen als auch für mich selber.

Die Superhelden aus den Filmen gibt es nicht wirklich. Clark Kent wird erst zum Superman, wenn er sich sein lächerliches Kostüm übergezogen hat; Rambo spürt die Schläge auf seinen Körper nicht, aber sein Herz ist auf Stand-by; der Unsichtbare heißt in Wahrheit David

McCallum, er trägt Rollis aus Lycra und einen albernen Topfhaarschnitt. Aber an mir kannte ich keine Schwachstellen. Meine Superkraft war die Unempfindlichkeit. Ich hatte die Fähigkeit, jedes unangenehme Gefühl an mir abprallen zu lassen. Es konnte gar nicht erst aufkommen, ich war eine innere Festung, ich hielt mich für uneinnehmbar. Superman und seine Kollegen, das war dummes Zeug. Trotzdem war ich davon überzeugt, dass es auf der Welt reale, wenn auch seltene Superhelden gab. Und ich war einer von ihnen.

24

Madame Pozzo di Borgo heißt mit Vornamen Béatrice. Ich fand sie auf Anhieb sympathisch, offen, einfach, kein bisschen spröde. Ich nenn sie Madame. Das steht ihr gut, Madame.

Madame wird bald sterben.

Zu ihm sag ich Monsieur Pozzo. In meinem Kopf sag ich nur »der Pozzo« oder »Pozzo«. Er hat es mir heute Morgen anvertraut: Seine Frau ist krank. Eine Art Krebs. Als er vor zwei Jahren den Unfall mit dem Gleitschirm hatte, der schuld an seinem jetzigen Zustand ist, sagte man ihm, dass sich seine Lebenserwartung auf sieben, acht Jahre beschränkt. Aber Tetrapaks sind ziemlich robust: Gut möglich, dass er uns alle überlebt.

In diesem Haus gibt es nicht die Familie auf der einen und das Personal auf der anderen Seite. Alle nehmen die Mahlzeiten gemeinsam ein. Man isst von fast normalen Tellern, ich nehme mal an, sie stammen nicht unbedingt vom Supermarkt um die Ecke, aber sie sind absolut in Ordnung, gehen sogar in die Spülmaschine. Céline, das Kindermädchen, übernimmt die Küche. Ausgezeichnet übrigens. Viel mehr verlangen die Gören nicht von ihr. Laetitia, die älteste, ist ein typisch versnobter Teenager. Sie ignoriert mich komplett, und ich versuche es ihr gleichzutun. Robert-Jean, zwölf, ist ein Muster an Verschwiegenheit. Ich weiß nicht, wer von ihnen mehr unter der Situation leidet. Für mich haben so reiche Gören keinen Grund zu leiden. Das Mädchen, diese Zicke, würde ich am liebsten durchschütteln, wann immer sie mir über den Weg läuft. Und ihr das wahre Leben zeigen, damit sie mal zwei Sekunden aufhört zu flennen, wenn es die Handtasche, die sie sich vor Wochen ausgeguckt hat, nicht mehr in Karamellbraun gibt. Für den Anfang würde ich mit ihr einen kleinen Ausflug nach Beaugrenelle unternehmen und dann weiter zu den Besetzern der leerstehenden Lagerräume, wo Junkies auf Entzug zusammen mit Familien, Gören und Babys hausen. Natürlich ohne Wasser, Heizung und Strom. Schmuddelige Matratzen direkt auf dem Boden. Ich tunke mit einem Stück Baguette meine Sauce auf. Laetitia stochert in ihrem Essen herum, lässt die halbe Rinderroulade übrig. Béatrice ermahnt sanft ihren Sohn, weil er die Zwiebelscheiben aussortiert hat. Er spielt mit ihnen, häuft sie mit der Gabelspitze am Rand seines Tellers auf. Bald wird Béatrice nicht mehr die Kraft haben, mit uns am Tisch zu sitzen. Sie wird in ihrem Bett bleiben, hier in der Wohnung oder in einer Klinik.

Nicht zu fassen eigentlich … Was diese Aristokraten nur für Unglück anhäufen. Ich schau mich um. Die Gemälde, die Intarsienmöbel, die Empire-Kommoden mit Griffen aus Feingold, der hektargroße Garten inmitten von Paris, das Apartment … Wozu das alles, wenn man nicht mehr lebendig ist? Und warum geht mir das nahe?

Der Pozzo leidet. Der Pozzo nimmt Schmerztabletten. Der Pozzo leidet kaum weniger. Als es ihm etwas besser geht, fahre ich mit ihm nach Beaugrenelle. Wir steigen nicht aus. Ich lasse seine Scheibe herunter, die Hand eines Kumpels schmeißt meinem Fahrgast ein kleines Päckchen auf den Schoß, wir brausen davon.

»Was ist das, Abdel?«

»Etwas, das hilft, damit es einem bessergeht. Das gibt's nicht in der Apotheke.«

»Aber Abdel, lass das nicht hier herumliegen! Versteck das!«

»Ich fahre, ich lass doch das Lenkrad nicht los …«

Nachts schläft der Pozzo nicht immer. Er hält seinen Atem an, weil es ihm weh tut zu atmen, dann zieht er ganz schnell ganz viel Luft ein, und es ist noch schlimmer. Es gibt nicht genug Sauerstoff im Zimmer, im Garten auch nicht, in der Flasche auch nicht. Manchmal weckt er mich: Dann muss ich ihn auf der Stelle ins Krankenhaus bringen. Auf einen Krankenwagen zu warten, der für den Transport eines Tetraplegikers geeignet ist, würde zu lange dauern. Ich aber bin bereit.

Der Pozzo leidet vor allem, wenn er sieht, wie schlecht es seiner Frau geht und wie machtlos er gegen ihre Krankheit ist. Genauso wie gegen seine eigene Behinderung. Ich erzähle Witze, ich singe, ich tische ihm Heldentaten auf, die nur in meiner Phantasie stattgefunden haben. Er trägt Stützstrümpfe. Ich streife mir einen über den Kopf und inszeniere einen Überfall.

»Hände hoch ... Hände hoch, habe ich gesagt! Sie auch!«

»Ich kann nicht.«

»Ach so? Sind Sie sicher?«

»Ganz sicher.«

»Pech gehabt ... Na, ich will das Wertvollste, was es in dieser verdammten Bruchbude gibt. Kein Silberzeug, keine Gemälde; nein! Ich will ... Ihr Hirn!«

Ich stürze mich auf Pozzo und tu so, als würde ich ihm den Schädel aufschneiden. Das kitzelt. Er bittet mich aufzuhören.

Ich schlüpfe in eine seiner für mich zu großen Smoking-Jacken, schlage mit der Faust in seinen Stetson, um aus dem Cowboyhut eine Melone zu machen, pfeife eine Ragtime-Melodie, marschiere um sein Bett und vollführe dabei immer schnellere Schraubbewegungen, wie Charlie Chaplin in *Moderne Zeiten*. Und warum das alles? Diese Leute sind mir egal. Ich kenne sie gar nicht.

Aber andererseits, warum auch nicht? Was ändert es, ob ich hier den Clown mache oder draußen in der Cité? Fast alle meine Kumpels führen mittlerweile wie Brahim ein anständiges Leben. Da ist niemand, mit dem ich abhängen könnte. Hier ist es warm, die Umgebung angenehm und es ist Potential vorhanden, Spaßpotential.

Der Pozzo fühlt sich gar nicht gut in seinem Körper. Ich bin so taktvoll – was ist denn auf einmal mit mir los? –, ihn nicht zu fragen, warum. Der andere Probekandidat schwänzelt um den Rollstuhl herum und ergeht sich in Gebeten. Er hat ständig eine Bibel in der Hand, hebt die Augen zum Himmel, ohne daran zu denken, dass die Zimmerdecke dazwischen ist, reiht Wörter mit »us« aneinander wie in den *Asterix*-Heften und psalmodiert selbst, wenn er um eine Tasse Kaffee bittet. Ich schieße mit einem Song von Madonna hinter seinem Rücken hervor.

»Like a vördschin, hey! Like a vö–ö–öhör-dschin …«

Fehlt nur noch, dass der barmherzige Bruder Jean-Marie von der Auferstehung der Heiligen Dreifaltigkeit Unserer lieben Frau der unbefleckten Empfängnis die Finger kreuzt, um sich vor dem Abgesandten des Teufels zu schützen, der ich bin. Laurence, die Sekretärin – wir nennen uns inzwischen bei unseren Vornamen, alle duzen mich, ich bin nicht prüde –, prustet verschämt los. Okay, vielleicht ist sie doch nicht so verklemmt …

Sie weiht mich sogar heimlich ins Mysterium ein.

»Er ist ausgetreten.«

Ich lache laut auf.

»Wie meinst du das, er musste mal austreten?«

»Na, aus dem Orden … Er war Priester, aber er hat beschlossen, wieder ins Zivilleben zurückzukehren, wenn du so willst.«

»Tja, sag mal, dein Boss wird aber nicht viel zu lachen haben mit so 'ner Type um sich herum …«

»Woher willst du wissen, dass er ihn behält?«

Tatsächlich ist der Seelenhirte nach acht Tagen von der Bildfläche verschwunden. Er soll den Pozzo vor dem muslimischen Teufel gewarnt haben, den er unvorsichtigerweise ins Haus gelassen hat. Ich, ein Moslem? Ich habe in meinem ganzen Leben noch nie einen Fuß in die Moschee gesetzt! Und ein Teufel, na ja … Ein bisschen vielleicht noch, aber mal ehrlich: doch immer weniger, nicht?

25

Eines Morgens war die Transfermaschine blockiert. Unmöglich, sie in Bewegung zu setzen. Der Pozzo war bereits zur Hälfte drin, aber eben nur zur Hälfte. Man hatte die Gurte unter seinen Armen und Schenkeln hindurchgeführt, und so schwebte er über dem Bett, auf halbem Weg zu seinem Duschsessel. Sah echt bequem aus ... Wir mussten die Feuerwehr rufen. Bis die da war, ihn aus seiner misslichen Lage befreit hatte, alles Weitere geregelt war und er endlich auf seinem Sessel saß, war es Nachmittag ... Während all dieser Zeit ist der Pozzo höflich geblieben, geduldig, ergeben, ohne sich geschlagen zu geben. Wir alle haben Scherze gemacht, um ihn abzulenken, die Situation zu entschärfen. Ich tobte. Nicht weil die Maschine blockiert war: Wir wussten, dass sie sich früher oder später wieder in Bewegung setzen würde. Aber weil ein Mann in der Falle eines Geräts saß, das eigentlich dazu bestimmt war, ihm das Leben zu erleichtern, und er sich nicht daraus befreien konnte. Man schickt die Menschen auf den Mond und ist nicht fähig, ein sicheres und schnelles System zu erfinden, damit sich ein Tetraplegiker fortbewegen kann? Am nächsten Morgen sagte ich zur Pflegehelferin, noch bevor der Motor des Personenlifts in Betrieb gesetzt wurde, ich würde Monsieur Pozzo eigenhändig auf seinen Duschsessel setzen. Ich, Abdel Sellou, eins siebzig groß, die Arme kurz und rund wie Marshmallow-Sticks. Sie schrie auf.

»Bist du wahnsinnig geworden? Der Mann ist zerbrechlich wie ein Ei!«

Die Knochen, die Lungen, die Haut: Bei einem Tetraplegiker ist jeder Körperteil verletzlich, die Wunden sind mit bloßem Auge nicht zu erkennen, und der Schmerz erfüllt seine Rolle als Warnsignal nicht. Das Blut zirkuliert schlecht, die Wunden verheilen nicht, die Organe werden nicht ausreichend durchblutet, die Blasen- und Darmfunktion ist behindert, der Körper reinigt sich nicht selbst. Die wenigen Tage an Pozzos Seite waren ein Schnellkurs in Sachen Medizin gewesen. Ich hatte begriffen, dass ich es mit einem zerbrechlichen Patienten zu tun hatte. Ein Ei, ganz richtig. Ein Wachtelei mit feiner weißer Schale. Ich erinnerte mich, wie meine G.-I.-Joe-Figuren früher ausgesehen hatten, nachdem ich mit ihnen gespielt hatte. Nicht gerade hübsch … Aber ich bin älter geworden. Ich betrachtete den Pozzo, diesen Mega-G.-I.-Joe aus Porzellan. Er, der einen Augenblick zuvor seine schönen weißen Zähne gezeigt hat, presst sie nun zusammen, seit ich meine Absicht verkündet habe, ihn zu tragen. Aber doch, ich fühlte mich in der Lage, das Ei fortzubewegen, ohne es zu zerschlagen.

»Monsieur Pozzo. Ich schau Ihnen jetzt schon ein paar Tage zu. Diese Maschine da ist die Hölle, und ich glaube, ich habe einen Weg gefunden, wie wir ohne sie auskommen. Lassen Sie mich machen. Ich werde ganz vorsichtig sein.«

»Bist du dir sicher, Abdel?«

»Hören Sie, im schlimmsten Fall stoße ich Ihr Bein irgendwo an, dann haben Sie einen blauen Fleck, und das war's, meinen Sie nicht?«

»Na gut, das ist gar nichts, das kann ich ertragen ...«

»Los, keine Diskussion. Auf geht's.«

Ich fasste ihn unter den Achseln, drückte seine Brust an meine, der restliche Körper folgte von alleine. Nach weniger als achtfünfhundertstel Sekunden saß er in seinem Duschsessel. Ich betrachtete das Ergebnis, zufrieden mit mir, und rief in Richtung Tür:

»Laurence! Bring mir den Werkzeugkasten! Wir demontieren die Transfermaschine!«

Der Pozzo sagte nichts, er strahlte.

»Na, Monsieur Pozzo? Wer ist der Beste?«

»Du, Abdel, der bist du!«

Er ließ selig seine Zähne blitzen. Der Moment war gekommen, um eine Erklärung zu verlangen.

»Monsieur Pozzo, sagen Sie mal, Ihre Zähne, sind die echt?«

26

Ich hätte mir Visitenkarten drucken sollen. »Abdel Sellou, der Vereinfacher«. Denn in der Serie Wir-lassen-uns-doch-nicht-von-Scheißmaschinen-verrückt-machen habe ich auch noch den Viehtransporter liquidiert, eine Kiste, die für Behinderte jeglicher Art ideal sein soll. Sie war hässlich, unpraktisch und ging wie die Transfermaschine ständig kaputt.

Der Viehtransporter, das ist genau der passende Ausdruck, hatte ein Rampensystem. Die Rampe wurde ausgefahren, abgesenkt, und der Rollstuhl konnte hineingeschoben werden. Sie war oft blockiert. Wenn wir nicht pünktlich loskamen, konnte der Pozzo einen Termin verpassen. Und auch beim Aussteigen gab's Probleme, denn das Fahrzeug war zu hoch, um einen Rollstuhl – und den Pozzo – direkt rauszuholen. Es kam vor, dass ich ein Brett anschleppen und es als Zusatz-Rampe benutzen musste. Im Viehtransporter blieb der Pozzo in seinem gewöhnlichen Rollstuhl sitzen, der einfach rechts hinten in die Ecke gestellt wurde. Die Räder wurden nicht festgemacht, und selbst wenn die Bremsen blockiert waren, schaukelte der Sessel in den Kurven. Ganz schön riskant für ein Ei, erst recht, wenn der Fahrer Sellou heißt und auf Parkplätzen der Banlieue in gestohlenen Autos fahren gelernt hat … Außerdem hatte der Pozzo nur ein winziges Fensterchen, um hinauszusehen, und der Motor machte einen Höllenkrach. Wenn ich am Steuer saß, musste ich mich fast vollständig umdrehen, um mit dem Boss reden zu können. Ich redete nicht, ich schrie.

»Alles klar? Ruckelt es nicht zu sehr?«

»Schau auf die Straße, Abdel!«

»Was sagten Sie?«

»DIE STRASSE!«

Ich für meinen Teil fuhr einen Renault 25 GTS. Okay, heute scheint das total altmodisch, aber damals hatte das echt Stil! Ich hatte ihn 1993 auf einer Versteigerung gekauft, gleich nachdem ich meinen Führerschein gemacht hatte. Er war von einem armen Typen beschlagnahmt worden, der seine Rechnungen nicht mehr bezahlen konnte. Und ich, der Kleinkriminelle, der Vorbestrafte, blätterte Bares hin. Stil eben … Er beschleunigte in wenigen Sekunden von null auf hundert und hatte ein Autoradio, das seine Dezibel zwanzig Kilometer weit in die Landschaft schmettern konnte. Das war etwas anderes als der Viehtransporter. Schließlich streikte ich. Wir wollten den Pozzo gerade verfrachten, ich hatte den Finger schon auf der Fernbedienung der Rampe, da sagte ich *nein*.

»Was soll das heißen, nein, Abdel?«

»Nein. Nein, Monsieur Pozzo. Nein.«

»Aber nein wozu?«

»Nein, ich fahre dieses Teil nicht mehr. Sie sind schließlich kein Schaf, Sie können in ein normales Auto steigen.«

»Das kann ich leider nicht, Abdel.«

»So wie Sie nicht ohne die Transfermaschine auskommen konnten, ja? Gut. Rühren Sie sich nicht vom Fleck, ich hol meine Kiste.«

»Ich rühre mich nicht, da kannst du mir vertrauen!«

Ich schob den Rollstuhl bis zum SZV-SKV-Platz (schwer Zivilversehrte und schwer Kriegsversehrte), wo mein Rennwägelchen stand, ausgestattet mit einer falschen Bchinderten-Plakette. Genial, dieser kleine Papierfetzen, der nimmt es locker mit der »Vorfahrt«-Karte im Spiel *Tausend Kilometer* auf.

»Wo hast du diese Plakette her, Abdel?«

»Das ist eine Kopie von der vom Viehtransporter. Eine Farblaserkopie, arschteuer.«

»Abdel, so was tut man nicht, das ist nicht richtig …«

»Aber soo praktisch, wenn man in Paris einen Parkplatz sucht. Und außerdem tut man das, weil ich Sie in meiner Kiste transportieren werde.«

Ich öffnete die Tür zum Beifahrersitz, schob den Sitz nach hinten, so weit es ging, und führte den Rollstuhl an die Karosserie heran.

»Na, was ist, feuern Sie mich nicht an? Babette feuern Sie an und mich nicht!«

»Los, Abdel! Rein mit dem Pozzo!«

Er konnte ganz offensichtlich doch in ein normales Auto … Auf ging's nach Porte de la Chapelle. Ich wusste, dass dort ein paar Schmuckstücke auf vier Rädern zu bewundern waren, unter denen würde dieser Liebhaber der schönen Dinge bestimmt sein Glück finden. Mir selbst gefallen alle Autos. Ich sagte nichts, ich sah zu, wie der

Pozzo seinen elektronischen Sessel zwischen Chrysler und Rolls-Royce, Rolls-Royce und Porsche, Porsche und Lamborghini, Lamborghini und Ferrari hindurchmanövrierte …

»Der da ist nicht schlecht! Das Schwarz ist schön schlicht. Was meinst du, Abdel?«

»Monsieur Pozzo, der Ferrari könnte etwas knapp sein vom Kofferraum her.«

»Willst du mich denn in den Kofferraum setzen, Abdel?«

»Sie nicht, aber den Rollstuhl!«

»Mist, den habe ich ganz vergessen …«

Er hat sich schließlich für einen Jaguar XJS entschieden, 3,6 Liter, quadratische Scheinwerfer, Armaturenbrett aus Wurzelnussholz, Lederverkleidung …

»Was meinst du, Abdel?«

»Das dürfte gehen.«

»Kaufen wir ihn?«

»Wir brauchen etwas Geduld, Monsieur Pozzo. Der Verkauf findet in drei Tagen statt.«

»Gut, warten wir … Aber kein Wort zu meiner Frau, okay?«

»Ich schwöre. Ich bin stumm wie ein Regenwurm.«

»Wie ein Fisch, Abdel, wie ein Fisch.«

»Meinetwegen auch wie ein Fisch, wenn es Sie glücklich macht.«

27

So fahre ich also den Pozzo im Jaguar ins Krankenhaus, wo sich seine Frau Béatrice einer Knochenmarktransplantation unterzogen hat. Die Operation ist ihre letzte Chance: Die Ärzte gaben ihr nur noch vier bis sechs Monate zu leben. Operation und Narkose sind gut verlaufen, aber es ist noch nicht ausgestanden. Sie hat keine Abwehrkräfte. Sie muss auf einer Isolierstation bleiben, hinter einem sterilen Zelt.

Wochenlang trage ich den Pozzo jeden Morgen in den Jaguar und bringe ihn zu ihr. Zu ihr ... soweit das möglich ist mit dieser Kunststoffwand. Eine Haube auf dem Kopf, Plastikfüßlinge über die edlen Westons gezogen, rollt er bis an die Grenze, die nicht überschritten werden darf. Stundenlang betrachtet er seine Frau, die in ihrem Bett liegt und manchmal ein wenig phantasiert. Am Abend verlassen wir sie in der Angst, sie am nächsten Morgen nicht mehr lebend anzutreffen. Und tatsächlich fällen die Ärzte ihr Urteil.

Madame Pozzo wird sterben.

Auf der Rückfahrt schweige ich.

Keine Hilfspflegerinnen mehr. Keine Krankenschwestern. Von da an war ich das letzte Gesicht, das Philippe
Pozzo di Borgo abends sah, und mein Blick war der erste,
dem er morgens begegnete. Seit ich ihn trug, brauchten
wir fast niemand anderen mehr. Jetzt, wo seine Frau tot
war, schlief er allein. Er hatte ihr beim Sterben zugesehen,
ungläubig, voller Wut. Er hat sie immer nur als Kranke
gekannt und sie trotz der Krankheit, trotz des beschwer-
lichen Alltags geliebt, schon damals, als es ihm noch gut-
ging, als er jedes Wochenende auf dem Land joggte, als er
über den Bergen schwebte. Dann, am 23. Juni 1993, kam
dieser fatale Gleitschirmunfall, und zwei Jahre lang bes-
serte sich ihre Krankheit. Alle dachten an eine Heilung,
die Medikamente täten endlich ihre Wirkung, sie werde
noch lange leben, warum auch nicht? Sie hatte die Kraft
gefunden, das Leben der gesamten Familie neu zu regeln
und auf die Behinderung ihres Mannes einzustellen. Sie
verließen ihr Haus in der Champagne und zogen nach
Paris in die Nähe der Krankenhäuser. Sie hatten sich ein
bequemes Umfeld geschaffen – was mit Geld natürlich
leichter ist –, und die Kinder schienen mit ihrer neuen
Existenz in der Hauptstadt einigermaßen zurechtzukom-
men, mit einem Vater im Rollstuhl und einer kranken
Mutter ... Und als alles arrangiert war, als sie fast ein normales Leben hätten führen können, erlitt Béatrice Pozzo
einen Rückfall.

Ich lebte seit ungefähr einem Jahr bei ihnen, als es pas-
sierte. Madame Pozzo war nicht zu Rate gezogen worden
bei der Wahl des Intensivpflegers, die keine war. Sie hatte

auch kein Veto eingelegt, als sie diesen jungen, schlecht erzogenen und unberechenbaren Araber bei sich aufkreuzen sah. Sie sah ihn sich unvoreingenommen an und akzeptierte ihn auf der Stelle. Sie lachte über meine Späße, ohne sich daran zu beteiligen, mit einer gewissen Distanz, aber immer wohlwollend. Ich weiß, dass sie manchmal ein bisschen Angst hatte, wenn ich mir ohne Vorwarnung ihren Mann schnappte und ihn entführte, ohne zu sagen, wohin es ging. Ich weiß, dass sie über den Kauf einer Luxuskarosse nicht begeistert war. Ihre protestantische Seite: Sie mochte den demonstrativ zur Schau getragenen Reichtum nicht. Sie war eine bescheidene Frau, ich respektierte sie. Ich verurteilte sie nicht dafür, dass sie eine Bourgeoise war, und das zum ersten Mal in meinem Leben.

Was wir ein ganzes Jahr lang gemacht haben, der Pozzo und ich? Bekanntschaft geschlossen. Er hat versucht, sich nach meinen Eltern zu erkundigen, ich glaube sogar, er wollte sie kennenlernen. Ich wich aus.

»Weißt du, Abdel, es ist wichtig, mit seiner Familie im Frieden zu sein. Kennst du Algerien, dein Heimatland?«

»Mein Land ist hier, und ich bin im Frieden mit mir selbst.«

»Da bin ich mir nicht so sicher, Abdel.«

»Schon gut.«

»Schon gut, Abdel. Reden wir nicht mehr darüber …«

Der Viehtransporter war nicht das Richtige für Rodeos auf der Ringautobahn, da eignete sich der Jaguar besser.

Ich war es, der aufs Gaspedal drückte, aber die Grenzen haben wir gemeinsam überschritten. Ein Wort hätte genügt, und ich wäre auf die Bremse getreten. Der Pozzo hatte seine Frau sterben sehen, hatte keinen Schmerz gezeigt, er sah, wie sich der Film seines Lebens ohne ihn abspielte, er war Zuschauer. Ich drückte auf die Tube. Er drehte leicht den Kopf zu mir, der Motor röhrte, ich lachte laut auf, so laut ich konnte, und er drehte den Kopf auf die andere Seite. Er ließ es geschehen. Wir düsten gemeinsam los. Wir gehörten nun mal zusammen, in guten wie in schlechten Zeiten.

Ein Jahr, das war genug, um uns klarzumachen, dass ich bleiben würde, ohne dass es ausgesprochen wurde. Hätte ich gehen müssen, wäre es früher geschehen. Und ich hätte nicht ein paar Wochen vor der Transplantation die Reise nach Martinique zugesagt.

»Das werden für Béatrice die letzten Ferien sein für lange Zeit, gehen wir alle drei!«, sagte der Pozzo zu mir, um mich zu überzeugen.

Ich war noch nie über Marseille hinausgekommen, es brauchte keine großen Überzeugungskünste. Es wurden ihre letzten Ferien überhaupt ... Wir kannten die Gefahren der Knochenmarktransplantation für Béatrice. Und dann war es ihr Mann, der auf Martinique krank wurde. Lungenverschleimung. Um die Sache einfach zu erklären: In den Bronchien hatten sich Sekrete angesammelt, das Atmen fiel ihm entsetzlich schwer. Er wurde auf die Intensivstation gebracht und blieb dort bis zum Ende der Ferien. Ich aß gemeinsam mit Béatrice am Strand. Wir sprachen nicht viel, das war nicht nötig, und es gab auch keine Verlegenheit zwischen uns. Ich war nicht der Mann, den sie liebte. Ich war nicht der Mann, den sie gerne vor sich gehabt hätte, mit zwei beweglichen Armen, von denen der eine seine Gabel zum Mund führen würde und der andere bereit wäre, über den Tisch zu greifen und ihre Hand zu streicheln. Dieser Mann existierte sowieso nicht mehr, sie musste auf ihn verzichten seit dem Gleitschirmunfall, warum sollte sie sich also nicht mit diesem etwas schwerfälligen, schlecht erzogenen, wenn auch nicht gerade gefährlichen jungen Typen zufriedengeben.

Mir gefällt die Vorstellung, dass sie mir zutraute, mich sogar in den bevorstehenden schweren Zeiten gut um ihren Mann zu kümmern. Mir gefällt die Vorstellung, dass sie mir vertraute. Aber vielleicht ging ihr gar nichts von alldem durch den Kopf. Vielleicht ließ auch sie es einfach geschehen. Wenn man nichts mehr im Griff hat, ist das wahrscheinlich das Einzige, was man tun kann, oder? Loslassen, wenn man mit zweihundert über die Straßen am Ufer der Seine braust oder wenn man an einem paradiesischen Ort vor dem türkisblauen Meer bequem auf seinem Stuhl in der Sonne sitzt.

———

Ich dachte, er werde den Tod seiner Frau nicht überleben. Wochenlang wollte er sein Bett nicht mehr verlassen. Seine Familienangehörigen besuchten ihn, er schenkte ihnen kaum einen Blick. Céline kümmerte sich um die Kinder, fürsorglich und pragmatisch zugleich, sie hielt sie auf Distanz, dachte, sie hätten schon genug an ihrem eigenen

Kummer. Und ich kreiste wie ein Satellit unununterbrochen um den Pozzo herum. Aber er ließ sich nicht mehr von mir ablenken. Würdig selbst in der Depression, legte er nur noch Wert darauf, einigermaßen vorzeigbar zu den medizinischen Terminen zu erscheinen. Ein paar Monate hatten wir auf die Hilfspfleger und Krankenschwestern verzichtet, weil er willensstark war, weil es ihm eine diebische Freude bereitete, zu zeigen, dass er einzig mit den Armen und Beinen von Abdel wunderbar zurechtkam. Wir mussten wieder nach ihnen rufen, und sie sind sofort gekommen, kompetent und ergeben. Monsieur Pozzo ertrug es schlecht, dass sich so viele Leute um seinen dreiviertel toten Körper sorgten, während man nichts für den seiner Frau hatte tun können.

Zum Glück war ich jung und ungeduldig. Zum Glück habe ich rein gar nichts verstanden. Ich sagte stopp.

IV

LERNEN, ANDERS ZU LEBEN

28

»Monsieur Pozzo, nun ist gut, jetzt wird aufgestanden!«

»Ich möchte meine Ruhe haben, Abdel, bitte lass mich.«

»Sie haben lange genug Ihre Ruhe gehabt. Jetzt reicht's. Ob's Ihnen gefällt oder nicht, ändert gar nichts. Wir ziehen uns jetzt an und gehen raus … Außerdem weiß ich, dass es Ihnen gefallen wird.«

»Wie du willst …«

Der Pozzo seufzt. Der Pozzo dreht den Kopf, er sucht nach Leere, nach einem Raum ohne zappelnde Hände, ohne Blicke. Plappernde Münder schaltet er auf stumm.

Ich will ihn nicht mehr »den Pozzo« nennen. Er ist kein Ding, kein Tier, kein Spielzeug, keine Puppe. Der Mann vor mir leidet und lebt nur noch in seiner eigenen Welt. Einer Welt, die es so nicht mehr gibt und die bloß aus Erinnerungen besteht. Ich kann mich aufführen wie der Teufel, kann *La Cucaracha* tanzen, mit meinen Faxen Laurence zum Kreischen bringen, er ignoriert es nicht mal. Was tu ich hier eigentlich? Er könnte mich fragen, warum ich noch hier bin, ich frage mich ja selbst schon …

Ich würde ihm irgendeinen Quatsch erzählen.

Ich würde ihm antworten: Ich bleibe wegen des bequemen Louis-Philippe-Sofas in Ihrem Zimmer, das ich seit Béatrices Tod nicht mehr verlasse. Das Apartment im Dachgeschoss habe ich an eine Freundin untervermietet. Niemand hier im Haus weiß davon. Aber ich bin anständig, und außerdem mag ich das Mädchen wirklich, deswegen verlange ich nicht viel Miete von ihr. Einen Tausender im Monat. Damit bewegen wir uns noch weit unter dem Marktpreis.

Ich würde ihm antworten: Ich bleibe wegen dem Jaguar. Und ich fände es gut, wenn Sie sich ein ganz kleines bisschen aufrappeln würden, damit ich Sie nachts wieder allein lassen und meine Spritztouren unternehmen kann. Diese Karre wirkt nämlich wie ein Magnet auf Frauen. Na ja, auf manche … Mir ist schon klar: Meine Béatrice wird nicht unter denen sein, die einsteigen. Die interessieren sich nur für die Kohle. Man kennt sich nicht, man wird sich nicht kennenlernen. Ich kläre sie auf, wenn die Sache erledigt ist, ich bin ein Mistkerl und auch noch stolz darauf.

»Die Karre gehört meinem Boss. Ich kann dich an der nächsten Metrostation absetzen, wenn du willst …«

Ich würde ihm antworten: Ich bleibe, weil ich es mag, im Nobelrestaurant ein paar Häppchen zu kosten und danach genüsslich eine Gyros-Tasche zu verputzen.

Ich würde ihm antworten: Ich bleibe, weil ich noch nie La Traviata gesehen habe, ganz im Ernst, und darauf baue, dass Sie mich mal in die Oper mitnehmen werden (er hat mir einmal Ausschnitte daraus vorgespielt und die Geschichte erklärt, ich bin fast krepiert vor Langeweile …)

Ich würde ihm antworten: Ich bleibe, weil ich meinen Spaß will, weil ich lebendig bin und weil das Leben dafür da ist, sich zu amüsieren. Und das ist nun mal einfacher, wenn man ein bisschen Geld zur Verfügung hat. Und da er zufällig welches hat und selbst auch am Leben ist, passt das ganz gut zusammen!

Ich würde ihm antworten: Ich bleibe wegen der Kohle. Das glauben übrigens auch fast alle meine Kumpels, und nicht alle behalten ihre Meinung für sich. Ich kläre Leute, die allzu selbstsicher sind, nicht gern über ihre Irrtümer auf. Wenn sie vor lauter Gewissheit erstarren, kann das sehr lustig aussehen.

Er würde weiterbohren:

»Warum bleibst du, Abdel?«

Ich würde ihm nicht sagen, dass ich seinetwegen bleibe, weil wir schließlich Menschen und keine Tiere sind.

Ich habe ihm den Cerruti-Anzug angezogen, den perlgrauen, ein blaues Hemd, goldene Manschettenknöpfe und eine blutrot gestreifte Krawatte. Dazu ein Tropfen *Eau Sauvage*, seit dreißig Jahren sein Eau de Toilette, das auch schon sein Vater benutzt hat. Ich habe seine Haare gekämmt und den Schnurrbart geglättet.

»Wohin führst du mich, Abdel?«

»Austern schlürfen? Was halten Sie davon, ein paar Austern zu schlürfen? Ich hab auf einmal solche Lust auf Austern …«

Ich lecke mir die Lippen, ich streiche mir über den Bauch. Er lächelt. Er weiß, dass ich Austern nicht ausstehen kann, schon gar nicht im Sommer, wenn sie ganz milchig sind. Er aber, mit einem Tröpfchen Zitrone oder einem Hauch Schalottensauce: mmh … Auf geht's in die Normandie.

»Legen wir eine CD ein? Was möchten Sie hören, Monsieur Pozzo?«

»Gustav Mahler.«

Ich lege zwei Finger unter die Nase, mache einen auf Nazi und schimpfe ganz zackig.

»Gustaf Mahlör? *Ach nein*, Monsieur Pozzo! Schluss mit dem Malheur. Es reicht!«

Er deutet ein Lächeln an. Das ist doch schon was …

———

Der Jaguar ist ein herrliches, aber ein gefährliches Auto. Man spürt die Geschwindigkeit nicht. Er gleitet, man hebt ab, man merkt überhaupt nichts. Auf dem Weg zum Krankenhaus Raymond-Poincaré in Garches hab ich nicht bemerkt, dass es mir durchgebrannt ist wie ein Pferd im Galopp. Wir fühlten uns wunderbar, Monsieur Pozzo und ich, im Hintergrund spielte France Musique eine nette kleine Symphonie, ideal als telefonische Warteschleife beim Arbeitsamt. Auf dem Pont Saint-Cloud rücken zwei Motorradpolizisten auf. Ich sehe sie im Rückspiegel, werfe einen Blick auf den Tacho: nur 127 Kilometer die Stunde … Monsieur Pozzo ist gut drauf heute, ich könnte einen Versuch wagen.

»Da sind zwei Bullen, die werden uns gleich anhalten.«

»Ach … Abdel! Wir werden uns verspäten.«

»Nicht unbedingt, Monsieur Pozzo. Setzen Sie doch mal Ihre Leidensmiene auf!«

Die Polizisten nähern sich bedrohlich.

»Was meinst du damit?«

Ich ziehe eine Grimasse, und er lacht laut auf.

»Aber nein, Monsieur Pozzo, nicht lachen, jetzt muss gelitten werden. Los, ich zähl auf Sie.«

»Abdel, nein, wirklich! Abdel!«

Ich drossle deutlich ab, setze den Blinker, fahre an den Straßenrand und lasse die Scheibe runter.

»Abdel!«

»Drei, zwei, eins … Leiden Sie!«

Ich schaue ihn nicht an, ich habe Angst loszuprusten. Ich beuge mich zum Bullen, der sich vorsichtig nähert. Ich spiele den braven Kerl in Panik.

»Er hat einen Anfall! Das ist mein Chef! Er ist Tetraplegiker. Es ist sein Blutdruck, ich bringe ihn nach Garches, wir können nicht warten, sonst geht er drauf!«

»Machen Sie den Motor aus, Monsieur.«

Ich gehorche widerwillig, schlage mit der Faust aufs Lenkrad.

»Wir haben keine Zeit, sag ich!«

Der zweite Polizist ist mittlerweile auch näher gekommen, geht misstrauisch um den Wagen herum. Er richtet sich an meinen Beifahrer.

»Monsieur, lassen Sie bitte die Scheibe herunter. Monsieur, Monsieur!«

»Wie soll er denn die Scheibe herunterlassen? Wissen Sie, was das ist, ein Tetraplegiker? Ein Te-tra-ple-gi-ker!«

»Ist er gelähmt?«

»Na bravo, die haben's kapiert!«

Sie schauen mich beide an, genervt, überfordert und beleidigt, alles auf einmal. Ich riskiere einen Blick auf

Monsieur Pozzo. Er ist großartig. Er lässt den Kopf auf die Schulter fallen, drückt die Stirn an die Türscheibe, verdreht die Augen und obendrein röche-che-chelt er ... Das ist nicht seine Leidensmiene, aber ich bin der Einzige, der das weiß.

»Hören Sie«, fragt der erste nervös, »wohin soll's den gehen in diesem Tempo?«

»Nach Garches, ins Raymond-Poincaré-Krankenhaus, das sagte ich Ihnen doch. Und es eilt!«

»Ich rufe sofort eine Ambulanz.«

»Das tun Sie nicht, das dauert viel zu lange, so lange hält er nicht durch! Wissen Sie, was wir machen? Kennen Sie den Weg nach Garches? Ja? Sehr gut! Dann fahren Sie vor, und Ihr Kollege da, der folgt. Los, schnell!«

Ich starte den Motor und drücke aufs Gaspedal, um meine Entschlossenheit zu betonen. Nach einer Sekunde Zögern – der Polizist an sich zögert öfter, als man denkt – setzen die Jungs ihre Helme auf und reihen sich brav ein. Wir brausen los Richtung Krankenhaus, allerdings etwas langsamer als vorhin, weil die Polizisten mit der einen Hand den Lenker halten und mit der andern die Autofahrer auffordern müssen, Platz zu machen. Monsieur Pozzo hebt vorsichtig den Kopf und fragt:

»Und wenn wir da sind, Abdel, was dann?«

»Tja, dann tun wir genau das, was wir vorgehabt haben! Sollten Sie nicht einen Vortrag vor Behinderten halten?«

»Doch, doch ...«

Auf dem Parkplatz des Krankenhauses ziehe ich schnell Monsieur Pozzos zusammenklappbaren Rollstuhl aus

dem Kofferraum, öffne die Beifahrertür, setze den nächsten Oscar-Preisträger in den Rollstuhl und schlage gna-
denlos die Hilfe des Motorradpolizisten aus:

»Ach, bloß nicht, junger Mann: Dieser Herr hier ist zerbrechlich wie ein Ei!«

»Raaa ...«, macht der Sterbende.

Im Laufschritt schiebe ich ihn zum Eingang der Notaufnahme, während ich den Polizisten zurufe:

»Schon gut, Sie können gehen! Wenn er überlebt, werde ich Sie auch nicht verklagen!«

Wir warten, bis sie verschwunden sind, und verlassen
das Gebäude wieder: Der Vortrag soll woanders stattfinden. Der Boss lacht, wie er seit Wochen nicht mehr
gelacht hat.

»Na, wer ist der Beste?«

»Der bist du, Abel, du allein!«

»Im Gegensatz zu Ihnen, das soll ein Anfall gewesen
sein, also wirklich! Was war denn das für eine Grimasse?«

»Abdel, hast du schon mal *La Traviata* gesehen?«

»Nein, hab ich nicht. Aber dank Ihnen kenn ich die Geschichte, vielen Dank.«

»Am Schluss gab ich die Violetta ...«

Und er singt. »*Gran Dio! Morir sì giovine ...*«*

---

* »Großer Gott! So jung sterben ...« (III. Akt, 4. Szene)

29

Das Alter von Tetraplegikern wird wie das von Hunden berechnet: Ein Jahr zählt sieben Jahre. Philippe Pozzo di Borgo hatte seinen Unfall mit zweiundvierzig, also vor drei Jahren. Drei mal sieben macht einundzwanzig: 1996 ist er sozusagen dreiundsechzig. Dabei sieht er Methusalix, dem Alten aus Asterix – klein und verkümmert, genauso haar- wie herzlos –, kein bisschen ähnlich ... Der Graf sieht aus wie ein Grandseigneur und hat das Herz eines Zwanzigjährigen.

»Herr Pozzo, Sie brauchen eine Frau.«

»Eine Frau, Abdel? Meine Frau ist gestorben, vielleicht erinnerst du dich?«

»Wir werden eine andere finden. Natürlich nicht dieselbe, aber es wird besser sein als gar keine.«

»Aber die Ärmste, was hätte sie denn an mir?«

»Sie wird sich an dem Süßholz laben,
das Sie ihr geraspelt haben
wie Cyrano de Bergerac.«

»Na prima, Abdel! Ich sehe, dass meine Literaturstunden Früchte tragen!«

»Sie bringen mir die Literatur bei, ich bringe Ihnen das Leben bei.«

Ich ließ Freundinnen von mir kommen. Aïcha, eine voll-busige kleine Brünette, Knaller und Krankenschwester in einem, hatte die Lage sofort durchschaut. Bei ihrem ersten Besuch haben wir zusammen was getrunken. Am nächs-ten Tag hab ich mich verkrümelt. Am übernächsten hat sie sich aufs Bett gelegt. Aïcha und er haben ein Weilchen ne-beneinander geschlafen. Aïcha wollte kein Geld und keine Geschenke. Sie interessierte sich für diesen Mann, der sich so schön ausdrücken konnte. Er machte sich nichts vor: Er würde sich nicht in sie verlieben und sie sich nicht in ihn, aber sie verbrachten ein paar angenehme Momente mit-einander. Aïcha atmete gleichmäßig neben ihm, er spürte ihren Atem, und die Wärme ihres Körpers beruhigte ihn. Es folgten noch ein paar andere, Professionelle, die froh waren, sich während der Arbeit ausruhen zu können. Ich warnte sie: »Man muss meinen Boss sanft anpacken und anständig mit ihm reden. Bevor du reinkommst, nimmst du deinen Kaugummi raus. Du bist anständig und hütest deine Zunge!«

Monsieur Pozzo erholte sich nur langsam vom Tod seiner Frau. Sehr langsam ... Manchmal überraschte ich ihn geistesabwesend und mit leerem Blick. Wie einer, der den menschlichen Freuden nur noch zuschaut und sie für sich selbst abgeschrieben hat. Trotz Aïcha und der berau-schenden Parfüms seiner Kurzzeit-Gespielinnen ging es ihm nicht wirklich besser. Béatrice war seit Monaten nicht mehr da, Laurence hatte Urlaub, und die Kinder verküm-merten in Paris. Ich schlug eine kleine Reise vor.

»Monsieur Pozzo, Sie haben doch bestimmt eine kleine Absteige irgendwo im Süden?«

»Eine Absteige … Ich weiß nicht … Ah doch, es gibt La Punta auf Korsika. Unsere Familie hat es vor ein paar Jahren an den Regionalrat verkauft, aber wir haben einen Turm behalten, den wir nutzen können, neben dem Familiengrab.«

»Auf einem Friedhof, das kann ja heiter werden … Mehr haben Sie nicht zu bieten?«

»Nein.«

»Na dann los! Ich pack die Koffer.«

———

Wir sitzen zu acht im Viehtransporter (wir mussten den Tatsachen ins Auge blicken: Acht Personen passen nun mal nicht in den Jaguar). Céline und die Kinder sind natürlich mit von der Partie, aber auch Victor, ein Neffe von Monsieur Pozzo, seine Schwester Sandra und Théo, ihr Sohn. Es ist heiß, aber noch nicht heiß genug. Wir schalten die Klimaanlage nur hin und wieder kurz ein. Niemand beklagt sich. Tetraplegiker frieren immer. Man begräbt sie unter Decken, Mützen, Wollsachen, aber es reicht nie. In Kerpape habe ich es mit eigenen Augen gesehen. Monsieur Pozzo fährt dort jeden Sommer zur Reha hin, um, wie er es nennt, seine jährliche Wartung vorzunehmen. Bei den ersten Sonnenstrahlen reihen sich die Rollstühle der Tetraplegiker am Fenster auf, alle nach Süden gerichtet, und rühren sich nicht mehr vom Fleck. Im Auto, vor den Kindern, reißt sich Philippe Pozzo di Borgo zusammen. Ich weiß, dass er noch immer um seine Frau trauert, dass er uns alle ein bisschen hasst, weil wir noch immer da sind und sie nicht mehr. Wir schwitzen, unsere Gerüche vermischen sich, aber wenigstens ist ihm nicht kalt.

Wir reißen die Kilometer herunter, ohne die erlaubte Höchstgeschwindigkeit zu überschreiten. Einer nach dem andern döst ein, ich halte stand. Céline öffnet die Augen und streckt sich.

»Ach seht mal, wir sind in Montélimar … Wir könnten kurz anhalten und Nougat kaufen.«

Ich brumme, dass wir nie ankommen werden, wenn wir bei jeder regionalen Spezialität anhalten …

Sie sagt nichts, ich glaube, sie ist ein wenig einge-schnappt. Und dann:

»Abdel, ist das normal, dieser Rauch?«

Ich schaue auf beide Seiten der Autobahn, nichts.

»Hast du einen Waldbrand gesehen?«

»Nein, ich meine den Rauch, der aus der Kühlerhaube kommt. Komisch, oder?«

Gar nicht komisch. Der Motor ist im Arsch. Ich wollte den Viehtransporter ein für alle Mal loswerden, jetzt hab ich's geschafft. Er steht unbeweglich auf dem Pannenstreifen und ich stecke fest – zusammen mit vier Kindern, zwei Frauen und einem Tetraplegiker. Wir haben August, in-zwischen sind es vierzig Grad im Schatten und wir noch zweihundert Kilometer von Marseille entfernt, wo in knapp vier Stunden das Schiff nach Korsika ablegt. Das läuft ja wie am Schnürchen … Die veräppeln mich alle, diese Scherzkekse. Ich hab vergessen, den Ölstand zu kontrollieren. Oder den Wasserstand. Oder beides, was weiß ich. Kein Grund zur Panik.

»Irgendwo im Handschuhfach liegt doch bestimmt der Schrieb von der Pannenhilfe? Wunderbar, da ist er ja schon. Hier, ihr werdet's nicht glauben: Unser Vertrag ist noch genau eine Woche gültig. Zum Glück haben wir die Panne nicht auf der Rückfahrt gehabt, stimmt's?«

Der Chef freut sich.

»Das stimmt in der Tat, Abdel. Wir sind noch versichert, dann ist ja alles in Butter!«

Ich zücke mein Handy – das Gerät hat sich in letzter Zeit bereits einigermaßen durchgesetzt – und rufe als Erstes den Abschleppdienst an. Dann versuche ich es bei den Autovermietungen. Vergeblich. Es ist Hochsommer, Montélimar voller Touristen, und wir finden nichts. Ich rufe die Hotline des Herstellers an, brülle ins Telefon, dass man einen Tetraplegiker nicht mitten auf der Autobahn stehen lässt. Ich knalle ihnen meinen berühmten Satz über meinen sehr besonderen Mitfahrer vor den Latz:

»Er ist Tetraplegiker. Wissen Sie, was das ist, ein Tetraplegiker? Ein Te-tra-ple-gi-ker!«

Im Auto, aus dem noch immer eine Rauchfahne aufsteigt, lachen sich alle kaputt.

»Aber Abdel, warum regst du dich auf? Haben wir es nicht gut hier, auf der Autobahn, im Land des Nougats?«

Die Assistentin bietet an, für die Strecke von Montélimar bis Marseille das Taxi zu bezahlen. Aber wir müssten uns auf eigene Faust nach Montélimar begeben. In dem Moment kommt der Abschleppwagen. Alle einsteigen, bitte! Der sechzigjährige Mechaniker, der sich, nach seinem Bauchumfang zu schließen, die regionale Spezialität ab und an schmecken lässt, leistet gutmütig Widerstand.

»Ach nein, ich kann nur zwei oder drei Personen in meine Kabine nehmen. Mehr geht nicht an.«

»Wir bleiben im Viehtransporter.«

»Oh nein, das ist verboten, Monsieur. Das geht nicht an.«

Ich zieh ihn am Kragen bis zum Seitenfenster und zeige auf den Rollstuhl.

»Soll ich ihn etwa zwanzig Kilometer über den Pannenstreifen schieben?«

»Aber nein, Sie haben recht, Monsieur. Das geht auch nicht an.«

»Richtig, das geht nicht an … Steigen wir ein!«

Alexandra, Victor und Théo nehmen im Abschleppwagen neben dem Fahrersitz Platz, während der Alte beginnt, den Viehtransporter auf die Rampe zu laden. Monsieur Pozzo haben wir dringelassen. Laetitia, Robert-Jean, Céline und ich versuchen während des Manövers im Stehen seinen Rollstuhl festzuhalten. Das schaukelt ganz schön, wie ein Schiff auf hoher See. Die Kinder lachen sich kringelig und wiederholen mit dem Akzent des Mechanikers: »Das geht nicht an! Das geht nicht an!« Es wird unser Ferien-Motto. Ich glaube zu sehen, dass Philippe Pozzo genauso fröhlich lacht.

Und so treffen wir am Hafen von Marseille ein. Gerade noch rechtzeitig: Das Schiff fährt in zwanzig Minuten. Theoretisch … Ich bezahle die beiden Taxis, und als sie weg sind, höre ich, wie Céline beunruhigt sagt:

»Für einen Abfahrtstag sind aber nicht gerade viele Leute da, findet ihr nicht? Sind denn sämtliche Urlauber schon eingestiegen? Da tut sich gar nichts auf dem Schiff ...«

Es stimmt, die gelbweiße Fähre sieht ziemlich verlassen aus. Kein Mensch auf dem Kai, abgesehen von uns, und die Laderampe für die Autos ist auch nicht runtergelassen ... Ich renne zum Büro des Fährbetreibers, um die Sache zu klären. Dann kehre ich zu meiner Crew zurück, die sich im Schatten eines leeren Lagerschuppens niedergelassen hat. Dort ist es genauso menschenleer.

»Ihr werdet lachen, aber das Büro ist geschlossen.«

»Wirklich? Und es ist nirgendwo etwas angeschlagen?«

»Doch, doch, da steht, dass die Reederei auf unbestimmte Zeit bestreikt wird.«

Allen bleibt ein paar Sekunden der Mund offen stehen. Bis Victor mit seinem dünnen Stimmchen die Sache auf den Punkt bringt:

»Das geht nicht an!«

Ich rief im Reisebüro an, das uns die Fährtickets verkauft hatte. Man schlug uns vor, nach Toulon zu fahren, wo die nächste Fähre nach Korsika bereitstand. Toulon, siebzig Kilometer von hier ... Ich versuchte, ein Taxi zu rufen. Nichts zu machen. Also zog ich zu Fuß los, allein, bis zum Bahnhof von Marseille, wo ich nicht ein, sondern gleich zwei Taxis auftreiben musste. Aber die Zugreisenden waren genauso am Verzweifeln. Es gab kein einziges Taxi. Ich versuchte es weiter im Stadtzentrum, wo ich mich ins Gassengewirr, ein Ableger der Kasbah in Algier, stürzte. Auf Arabisch sprach ich die Alten an, die auf den Türschwellen ihren Tabak kauten, und fand schließlich einen, der gegen ein kleines Scheinchen bereit war, mir zu helfen.

Das Gesicht der anderen, als wir am Hafen ankamen ... Unser Fahrer war der stolze Besitzer eines klapprigen Peugeot 307 Kombi, der so übel zugerichtet worden war, dass er diesen Sommer auf die Reise ins Morgenland verzichten musste. Das will was heißen ...

»Abdel, wir steigen doch da nicht etwa ein?«

»Oh doch, meine liebe Laetitia! Es sei denn, du möchtest hierbleiben?«

»Nein, aber du bist echt krank! Ich steige da nicht ein, vergiss es!«

Diese verwöhnte Zicke, spießig bis unter die – natürlich manikürten, mit fünfzehn! – Fingerspitzen, kriegt einen hysterischen Anfall. Ihr Vater fragt ungläubig:

»Jetzt mal die Frage der Bequemlichkeit beiseite, wie sollen wir zu acht in einen solchen Wagen passen?«

»Zu neunt, Monsieur Pozzo, zu neunt! Sie haben den Fahrer vergessen ...«

Wir haben's tatsächlich geschafft. Und sogar Laetitia hat überlebt.

30

In den Filmen ernten solche Szenen immer großes Gelächter. Das heißt ... die Zuschauer lachen, die Figuren
eher nicht. Wenn alles in die Hose geht, werden gerne alte
Rechnungen beglichen und die üblichen kleinen Gemein-
heiten ausgepackt. Dann zeigt der eine oder andere gern
sein wahres Gesicht. Sie hätten alle über mich herfallen,
mir als Fahrer die Schuld für die Panne geben und mich mit
Vorwürfen überhäufen können: weil ich die beiden Taxis
zu früh weggeschickt und nicht genug Wasser eingepackt
hatte, und überhaupt, weil ich auf die Idee mit diesen Ferien gekommen war! Keiner von ihnen hat auch nur ein
böses Wort gesagt. Genauso wie im Viehtransporter, wo
alle die Hitze ertragen haben, ohne zu meckern, haben sie
einfach beschlossen, über die Situation zu lachen. Ihrem
Vater, Bruder oder Onkel zuliebe, der sich nicht beklagte.
Monsieur Pozzo zuliebe, der als Erster über unsere Pech-
strähne lachen konnte. Die Strecke Paris-Marseille hatte
ihn ermüdet, viel mehr als uns. Er war mitgenommen
vom Rütteln und Lärm im Viehtransporter und von un-
serm Gequatsche, eine große Erschöpfung überfiel ihn,
was Gift war für seine bereits angegriffene Gesundheit.
Aber nein, er beschwerte sich nicht. Er schaute uns an, einen nach dem andern, als würde ihm gerade von neuem

klarwerden, wie schön es war, mit uns zusammen zu sein. Ganz richtig, damit meine ich nicht nur seine Familie, sondern uns alle.

Ich war durch Zufall knapp ein Jahr zuvor zu ihm gekommen und bin geblieben, fast ohne es entschieden zu haben. Ich hatte mich allen Erwartungen zum Trotz zu einem echten Intensivpfleger entwickelt: Ich hatte seine Zeitung umgeblättert, die CDs eingelegt, die er hören wollte, ihn in sein Lieblingscafé geführt, den Zucker umgerührt und die Tasse an seine Lippen gehoben. Durch meinen Körper, durch das, was ich geben konnte, durch meine Kraft und meine Freude am Leben hatte ich seine Schwachstellen wettgemacht. In den Wochen vor und nach Béatrices Tod hatte ich ihn keinen Moment allein gelassen. Das Wort Arbeit hatte für mich nicht dieselbe Bedeutung wie für einen seriösen Typen, der fürchtet, seine Stelle zu verlieren und seine Rechnungen nicht mehr bezahlen zu können. So was wie ein »sicherer Job« war kein Thema für mich, und ich war noch immer dreist genug, um einfach zu verschwinden, wenn ich Lust darauf hatte. Es gab keine festen Arbeitszeiten, ich hatte kein Privatleben mehr, ich sah nicht mal mehr meine Kumpels, und es war mir völlig egal. Ich bin geblieben, aber warum? Ich war weder ein Held noch eine barmherzige Nonne. Ich bin geblieben, weil wir schließlich keine Tiere sind ...

Es gab ein paar schwierige Momente, da liefen in meinem Kopf dieselben Gedanken ab wie im Gefängnis: Die Situation war anstrengend, ich konnte sie nicht beherrschen, aber ich wusste, dass sie irgendwann zu Ende sein würde. Ich brauchte nur zu warten. Als wir Wochen später am Hafen von Marseille vor dieser Fähre standen, auf der uns niemand erwartete, wurde mir klar, dass ich wieder frei war.

Weil Monsieur Pozzo, der wieder einmal in eine absurde Situation geraten war, sich für das Leben entschieden hat.

Da, angesichts dieses Mannes, der so gutmütig war zu lachen, habe ich begriffen, dass uns etwas anderes verband als die Arbeit. Das hatte nichts zu tun mit einem Vertrag, auch nicht mit einer moralischen Verpflichtung. Vor meinen Kumpels und sogar vor meinen Eltern vertuschte ich die Wahrheit, die ich mir noch nicht mal selbst eingestand: Ich sagte ihnen, dass ich bei meinem Chef blieb, um von seiner Großzügigkeit zu profitieren, um mit ihm zu reisen, um zwischen diesen bequemen, edlen Möbeln zu leben und im Sportwagen herumzugondeln. Da war bestimmt was dran, aber ziemlich wenig. Ich glaube, dass ich diesen Mann ganz einfach liebgewonnen habe und dass er diese Zuneigung erwidert.

Aber lieber bei einem Gleitschirmabsturz umkommen, als das zugeben.

31

Ich begleite Monsieur Pozzo überallhin. Wirklich überall. Jetzt, wo er den Tod seiner Frau – ein kleines bisschen – überwunden hat, schlagen wir uns wieder ohne Krankenschwestern und Hilfspfleger durch. Ich habe gelernt zu tun, was zu tun ist, die wundgelegenen Stellen zu pflegen, abgestorbene Hautschichten abzuschneiden, die Sonde zu legen. Es ekelt mich nicht. Wir sind alle gleich gebaut. Ich habe nur lange gebraucht, um den Schmerz zu verstehen. Ich habe mir nie den Spaß erlaubt, heißes Teewasser über seine Beine zu gießen wie meine Figur im Film *Ziemlich beste Freunde*: Monsieur Pozzo spürt nichts, okay, das habe ich begriffen. Aber warum schreit er dann so? Es schmerzt ihn, was in seinem Körper nicht richtig funktioniert. Das hat mit den Nervenendigungen zu tun, heißt es. Die einzige Verbindung, die noch besteht zwischen diesem Geist und seiner Hülle, ist also der Schmerz, nicht die Lust. Was für ein Glückspilz …

Wir kamen schließlich in Korsika an. Ich hatte erwartet, in einer der Bonzenhütten unterzukommen, von denen es in der Gegend nur so wimmelt, einem antiken Klotz mit Überlauf-Swimmingpool, und finde mich in einem verfallenen Schloss in den Bergen um Alata, einem Dorf in der Nähe von Ajaccio wieder. Seine Geschichte fasziniert mich: Das Schloss wurde aus den Resten eines Palastes erbaut, der früher in den Tuilerien stand und 1871 von den Kommunarden – wenn ich das richtig verstanden habe, eine neue Generation Revolutionäre – in Brand gesteckt wurde. Etwa zehn Jahre später sollte er vollständig abgerissen werden – und da hat ein Urgroßvater von Monsieur Pozzo die Steine gekauft, sie nach Korsika bringen und das Gebäude originalgetreu wiederaufbauen lassen! Ich kann mir die Baustelle lebhaft vorstellen, das heißt nein, ich kann sie mir überhaupt nicht vorstellen. Wenn ich sehe, wie es dort heute zugeht ... Gerade renovieren sie das Dach. Sieht aus, als hätten die wenigen Männer für mindestens zehn Jahre keine Beschäftigungsprobleme mehr.

Wir wohnen in einem Turm ganz in der Nähe, man gelangt über eine Hängebrücke zu ihm, wie ihm tiefsten Mittelalter. Ich scherze mit Monsieur Pozzo, nenne ihn Godefroy de Montmirail. Er hat *Die Besucher* nicht gesehen; ich glaube, er steht nicht besonders auf diese typisch französischen Blödelkomödien.

Seine Ahnen ruhen in einer Kapelle ein paar Meter weiter. Monsieur Pozzo erklärt mir, dass hier ein Platz auf ihn wartet. Soll er warten ... Von der chaotischen Reise mitgenommen, erkrankt er ernsthaft. Eine Blasenlähmung, die sich als sehr schmerzhaft erweist. Drei Tage und drei Nächte lang seh ich ihn leiden wie noch nie. Die Arbeiter auf dem Dach unterbrechen von Zeit zu Zeit ihr Hämmern, überrascht von den lauten Schreien, die aus dem Turm kommen. Wirklich, ich habe noch nie einen Mann so weinen sehen.

»Wir sollten besser ins Krankenhaus, meinen Sie nicht …«

»Nein, Abdel, bitte, ich will zu Hause bleiben. Ich will das Fest nicht verpassen.«

Er hat die Leute aus dem Dorf eingeladen, denen er sehr nahesteht. Sie haben vor drei Monaten um Dame Béatrice getrauert, und der Graf möchte sich bei ihnen bedanken. Aber er ist ans Bett gefesselt, und kein Schmerzmittel wirkt. Nur im Krankenhaus könnte man ihm helfen. Aber er will nicht, und ich gebe nach. Die Kinder fühlen sich zu Hause auf La Punta, sie sind oft mit ihrer Familie hergekommen; Monsieur Pozzo erinnert sich an diesem Ort voller Geschichte an seine eigene Geschichte mit Béatrice, und ich schaffe es nicht, ihm dieses Wiedersehen zu verderben.

Scheint fast so, als hätte ich das Richtige getan. Am Morgen des Festtages sind die Schmerzen verflogen. Es gibt Hammel am Spieß. Ich hole das Tier, steche es ab und brate es, wie es sich für einen Diener im Mittelalter gehört. Die Mitglieder des polyphonen Chors von Alata sind gekommen. Sie singen im Kreis, eine Hand auf dem Ohr, und blicken sich an. Ihre tiefen Stimmen hallen durch die Bäume und über die Landschaft. Wem das nicht gefällt, dem ist nicht zu helfen. Nicht einmal mich lässt es kalt. Es ist ein herrliches Fest, der Grandseigneur thront auf seinem Rollstuhl, befreit vom körperlichen Schmerz und ein klitzekleines bisschen von seinem Kummer.

Wir sind unzertrennlich. Ich begleite Monsieur Pozzo nach Kerpape, die Reha-Klinik in der Bretagne, wo man sich schon nach seinem Unfall um ihn gekümmert hat. Er sagt fröhlich zum Personal:

»Machen Sie Platz für Doktor Abdel.«

Er ist ein dankbarer Mensch.

Ich begleite Monsieur Pozzo, wenn er zum Essen eingeladen wird. In den Restaurants lasse ich Tische und Stühle umstellen und das Gedeck so anordnen, dass ich ihm ordentlich zu essen geben kann. Es kommt vor, dass man vergisst, mich, den Intensivpfleger, zu bedienen. Dann weist Monsieur Pozzo den zuständigen Kellner höflich darauf hin, dass auch ich von Nahrung lebe.

Eines Sonntags speisen wir bei einer sehr konservativen Familie. Die Jungen erscheinen im marineblauen Anzug und weißen Hemd, die Mädchen tragen Faltenrock und Bubikragen. Bevor es an die Vorspeise geht, sprechen sie eine Art Gebet. Ich bekomme einen Lachanfall. Ganz leise sage ich:

»Man könnte meinen, wir sind bei den Ingalls gelandet!«

Monsieur Pozzo schaut mich entsetzt an.

»Abdel, reiß dich zusammen! Wer ist das überhaupt, die Ingalls?«

»Sie müssen an Ihrer Allgemeinbildung arbeiten. Das ist die Familie aus *Unsere kleine Farm*!«

Alle am Tisch haben mich gehört. Sie werfen mir beleidigte Blicke zu. Monsieur Pozzo hat die Freundlichkeit, sich nicht für mich zu entschuldigen.

Ich begleite ihn auf die Diners, die in seinen Kreisen veranstaltet werden. Araber kennen diese Leute kaum, abgesehen vielleicht von ihren Putzfrauen. Sie fragen mich nach meinem Leben, meinen Projekten, meinen Zielen.

»Ziele? So was habe ich nicht!«

»Aber Abdel, Sie wirken intelligent und tüchtig. Sie könnten einiges erreichen.«

»Ich genieße das Leben. Genießen ist herrlich. Sie sollten es auch mal ausprobieren, dann würden Sie vielleicht etwas frischer aussehen.«

Auf dem Nachhauseweg nimmt mich Monsieur Pozzo ins Gebet.

»Abdel, deinetwegen werden sie sämtliche Araber für Faulpelze halten und den Front National wählen.«

»Glauben Sie wirklich, die haben dafür auf mich gewartet?«

———

Die FIAC wird eröffnet, die Internationale Messe für zeitgenössische Kunst. Der Boss, der sich gelegentlich als Sammler betätigt, ist von mehreren Galerien zur Vorab-Ausstellung eingeladen: Das ist die Eröffnung ohne die Menschenmassen. Wir werden ganz unter uns sein, nicht wahr … Diese Leute stinken vor Geld und Aufgeblasenheit aus allen Poren. Was für Snobs … Auf dem Boden, in der Mitte eines Standes, ist ein quadratmetergroßer, dicker Teppich ausgebreitet. Sieh mal an, ein roter Fußabtreter! Aber wozu? Ach nein, auf der Seite ist ein kleines Etikett. Das muss die Gebrauchsanleitung sein: Man darf nicht drauftreten, aber man darf mit der Hand drüberstreichen. Und dann drückt sich das Kunstwerk ab, bis die nächste Hand es verwandelt oder auswischt. So ein Schrott. Ich bücke mich, aber nicht, um den Künstler zu geben. Ich zähle die winzigen Nullen, die sich auf dem Kärtchen in winziger Schrift eng aneinanderreihen. Wir bewegen uns im Bereich der Hunderttausender. Nicht zu fassen!

»Gefällt es dir, Abdel?«

Monsieur Pozzo hat mein deprimiertes Gesicht gesehen und macht sich über mich lustig.

»Mal ehrlich, ich bring Sie zum Baumarkt und hol Ihnen so ein Teil für fünf Francs! Und Sie können auch noch die Farbe aussuchen!«

Wir setzen unsere kleine Tour der Abzocker fort. An der Spitze eines Stabs balanciert ein blaues Wollknäuel. Ist das zum Staubwischen? Alle fünf Sekunden setzt sich geräuschvoll ein alter Diaprojektor in Gang und wirft ein schwarzweißes Strandbild an die Wand. Und das soll Kunst sein? Lauter grottenschlechte Fotos, nicht mal die Brüste der Mädchen sind zu sehen. Auf einer Leinwand laufen Linien in allen Farben ineinander. Es gibt hier und da auch mal ein Dreieck, überhaupt alle möglichen Formen, ein einziges Gekrakel ... Ich versuche, irgendetwas zu erkennen, einen Gegenstand, ein Thema, ein Tier, eine Figur, ein Haus, einen Planeten ... Ich verdrehe den Kopf in alle Richtungen, beuge mich vor und schaue kopfüber zwischen den Beinen hindurch. Auch aus dieser Perspektive ist es hoffnungslos.

»Das ist Lyrische Abstraktion, Abdel.«

»Lyrics, wie die Songtexte?«

»Genau, wie in der Musik!«

»Mmh. Tja, und genauso wirkt es auch auf mich! Fehl-
anzeige! Und wie viel soll der Schinken kosten? Ach du
meine Fresse! Das können ja nicht mal Sie sich leisten, und
das will was heißen.«

»Doch, ich kann.«

»Na gut, aber Sie wollen nicht! Sie wollen doch nicht
etwa? Ich warne Sie, he, Monsieur Pozzo: Bauen Sie nicht
drauf, dass ich einen Nagel einschlage, damit wir dieses
Ding hier von morgens bis abends vor der Nase haben!«

Nein, er will nicht. Er behält seine Kohle lieber für die
Kommoden. Denn es gibt auch eine Kommoden-Auktion.
Woher hat er bloß diese Marotte für Kommoden? Er weiß
schon gar nicht mehr, was er in die Schubladen packen
soll. Macht nichts, Kommoden müssen her ... Stimmt
schon, in einem Apartment, das über vierhundertfünfzig
Quadratmeter groß ist, sehen die Wände damit schon viel
besser aus. Er stöbert sie in den Verkaufskatalogen von
Drouot und anderen Auktionshäusern auf, und wenn er
nicht fit ist, schickt er mich an seiner Stelle hin. Meist bereut er es: Ich kehre zwar nie ohne das Ding zurück, aber
übersteige oft sein Limit. Dann seufzt er und bereut sein
übertriebenes Vertrauen. Ich spiele den Liebhaber:

»Aber Monsieur Pozzo, die konnten wir uns wirklich
nicht entgehen lassen. Dafür gefiel sie mir zu sehr!«

»Möchtest du, dass wir sie in dein Zimmer stellen, Abdel?«

»Oh, mmh, nein ... Das ist nett, aber es wäre schade, sie
Ihnen vorzuenthalten.«

32

Ich wurde am Steuer des Jaguars von der Polizei angehalten. Ich war nicht zu schnell und auch über keine rote Ampel gefahren. Zwei Polizisten in Zivil drängten mich mit Blaulicht und heulender Sirene gegen den Bürgersteig. Sie haben einen schlechtrasierten, schlechtgekleideten Maghrebiner im Luxusschlitten gesehen, was braucht es mehr? Ich fand mich auf der Kühlerhaube liegend wieder, ohne Zeit für eine Erklärung.

»Vorsicht, Sie werden die Farbe zerkratzen ... Das ist das Auto meines Chefs.«

Die Kerle lachten hinter meinem Rücken.

»Wo willst denn du einen Chef hernehmen?«

»Ich bin sein Fahrer und sein Intensivpfleger. Er ist Tetraplegiker. Wissen Sie, was das ist, ein Tetraplegiker? Ein Te-tra-ple-gi-ker? Rufen Sie ihn an, wenn Sie wollen! Er heißt Philippe Pozzo di Borgo und wohnt im XVI. Arrondissement, in der Avenue Léopold II. Seine Telefonnummer steht auf den Versicherungspapieren im Handschuhfach.«

Sie haben mich wieder aufgerichtet, aber ich hatte immer noch die Handschellen auf dem Rücken und ihre hasserfüllten Blicke auf mir. Nach der Überprüfung ließen sie mich los und schmissen mir die Wagenpapiere ins Gesicht.

Am nächsten Morgen lachte Monsieur Pozzo über mein kleines Abenteuer.

»Na, Ayrton-Abdel, ich wurde heute Nacht von der Polizei geweckt! Sie waren doch wenigstens freundlich zu dir?«

»Die reinsten Engel!«

Ich habe den Jaguar schrottreif gefahren. Ich hab ja gesagt, dieses Auto ist gefährlich: Man spürt die Geschwindigkeit nicht. In einer Kurve bei der Porte d'Orléans merkte ich, dass ich zu schnell war, um sie zu kriegen. Ich verbrachte die Nacht in der Notaufnahme, und der Jaguar ging direkt auf den Schrottplatz. Ich bin ziemlich kleinlaut nach Hause gekommen.

»Na, Ayrton-Abdel, ich wurde heute Nacht schon wieder von der Polizei geweckt ...«

Ich streckte Monsieur Pozzo die Schlüssel entgegen.

»Es tut mir leid, mehr ist nicht übrig.«

»Aber dir geht es gut?«

Ein wahrer Engel.

———

Wieder einmal begleite ich Monsieur Pozzo zu einer Auktion von Automobilen der gehobenen Preisklasse: Der Jaguar, den ich zertrümmert habe, muss schließlich ersetzt werden. Wir haben beschlossen, uns einen marineblauen Rolls-Royce Silver Spirit zu leisten, ungemein schick, zweihundertvierundfünfzig PS, innen mit beigefarbenem Leder und einem Armaturenbrett aus Edelholz. Macht man den Motor an, steigt wie durch Zauberhand die Kühlerfigur empor. Eine geflügelte Meerjungfrau. Zu Beginn der Versteigerung hebe ich selbst die Hand. Dann versteht der Auktionator und überwacht Monsieur Pozzos Kopfzeichen. Es dauert zwei Tage, bis wir die Formalitäten durchhaben. Ich lasse mich von einem Kumpel an der Porte de La Chapelle absetzen und kehre allein am Steuer dieses Schmuckstücks in die Avenue Léopold II zurück.

Wir brechen sofort zu einer Spritztour auf, rasen über die Uferstraßen der Seine, bis zu den Portes de la Normandie, und sind begeistert von der Stille, die im Wagen herrscht, egal, wie schnell man fährt.

»Na, Abdel, ist das nicht schön?«

»Oh, ist das schön, etwas Schöneres gibt es nicht.«

»Du wirst doch gut auf ihn achtgeben, nicht wahr?«

»Logisch!«

Abends in Beaugrenelle fragen sich meine Kumpels, ob mein Chef noch ganz bei Trost ist.

»Der ist wahnsinnig, dir dieses Teil zu überlassen!«

Ich lade sie zu einer Probefahrt ein, einen nach dem andern, eine Runde nach der andern wie auf dem Rummelplatz. Mein Vater bewundert die Karosserie, meine Mutter weigert sich einzusteigen.

»Solche Dinge sind nichts für unsereiner!«

Ich antworte ihr, dass ich nicht weiß, was das sein soll: unsereiner. Und warum das nichts für mich, Abdel Yamine Sellou, sein soll. Sie findet das lustig.

»Das stimmt, Abdel, aber du bist eben nicht wie unsereiner!«

Sie hat recht. Ich denke nur an mich, ich profitiere von den andern, spiele mich auf, nutze die Frauen aus, jage den Spießern Angst ein, verachte meinen Bruder, aber mein Leben mit Pozzo gefällt mir. Ich spiele mit Philippe Pozzo di Borgo wie ein Kind mit seinen Eltern: Ich sammle Erfahrungen, überspanne den Bogen, teste die Grenzen aus, finde sie nicht, mache weiter. Ich bin dermaßen von mir überzeugt, dass mir gar nicht auffällt, dass er dabei ist, mich zu verändern, ganz unmerklich.

33

Céline hat uns verlassen. Sie möchte Kinder haben, sie will nicht ihr Leben lang Köchin spielen für zwei Teenager, die sowieso immer nörgeln, einen Tetraplegiker, der ständig auf Diät gesetzt, und einen Typen, der süchtig nach Gyros-Taschen ist.

Adieu, Céline. Ich stell mich ein paar Tage lang an den Herd. Alles geht gut. Außer dass drei Putzfrauen hintereinander kündigen, weil sie es satthaben, morgens, mittags und abends hinter mir herzuräumen ... Dann nehmen wir Jerry auf, einen Philippiner, den uns die Arbeitsvermittlung schickt. Wir hätten ihm den Zugang zur Waschmaschine verbieten sollen. Er hat sämtliche Anzüge des Chefs bei vierzig Grad durchgejagt. Das Resultat sieht nicht gerade hübsch aus. In einem Dior-Anzug, dem letzten, der ihm geblieben ist, betrachtet Monsieur Pozzo gefasst die Überreste seiner Garderobe, die der junge Mann in den Schrank zurückgehängt hat, als wäre nichts geschehen.

»Abdel, da ist doch dieser Giacometti-Abguss im Wohnzimmer, du weißt schon, der große Stängel neben dem Bücherregal? Man könnte ihm die Hugo-Boss-Jacke überstreifen, die müsste passen ...«

»Aber, Monsieur Pozzo, das macht doch nichts. Da,

wo wir jetzt hingehen, brauchen Sie nichts als eine dicke Wollmütze.«

———

Wir verreisen. Tante Éliane, eine kleine, sanfte Frau, die seit Béatrices Tod sehr präsent ist, möchte ihren braven Philippe in die Obhut von Nonnen in Quebec geben. Sie steckt unter einer Decke mit dem Cousin Antoine, der sich ganz dem religiösen Hokuspokus verschrieben hat. Als sie das Projekt vorstellten, haben sie schwere Geschütze aufgefahren: Sie sprachen von einer »Therapie der Liebe«.

»Monsieur Pozzo! Therapie der Liebe! Das ist genau, was wir brauchen, das sag ich doch schon die ganze Zeit!«

»Abdel, ich glaube, wir meinen nicht ganz dieselbe Sache ...«

Ich für mein Teil war sofort begeistert. Wie immer habe ich nur gehört, was ich hören wollte: Die Geschichte von Kloster, Einkehr, Seminar und Kapuzinerschwestern ist mir entgangen. Für mich ist Quebec bloß der verlängerte Teil von Amerika, nur dass die Leute dort echt Stil haben und französisch sprechen. Ich seh mich schon in der Neuen Welt und den Great Plains, umzingelt von Betty-Boops, Marilyns und XXL-Pommestüten. Und da man uns obendrein auch noch die Liebe verspricht ... Laurence, Philippe Pozzos treue Sekretärin, hat sich auch eingeladen: Sie hat einen Hang zu Spiritualität, Meditation und dem ganzen Kram. Sie will »Buße tun«, sagt sie. Buße, aber wofür bloß? Ich wusste schon immer, dass dieses Mädel leicht maso ist. Sympathisch, aber maso.

Wir landen in Montreal, düsen aber nicht direkt zu den Nonnen. Wär doch schade, wenn man die Chance verpasst und sich nicht etwas umschaut, oder? Ich liebe die Restaurants hier. All you can eat-Buffets, überall! Um nicht als Vielfraß aufzufallen, der sich ständig Nachschlag holt, bringe ich die Platten direkt an unseren Tisch. Monsieur Pozzo hat mich noch nicht aufgegeben, er ermahnt mich.

»Abdel, das gehört sich nicht … Und übrigens, hast du in letzter Zeit nicht etwas zugenommen?«

»Nichts als Muskeln! Das kann nicht jeder von sich behaupten.«

»Volltreffer, Abdel.«

»Aber nein, Monsieur Pozzo! Damit meine ich doch Laurence!«

Das Fortbewegungsmittel unserer Wahl ist ein herrlicher beigefarbener Pontiac. Herrlich, wenn auch nicht gerade selten: Hier fahren alle denselben Wagen. Aber halb so wild, Hauptsache, ich kann meinen amerikanischen Traum leben.

Auf dem Weg zum Kloster bittet mich der Boss, kurz anzuhalten und ihm Zigaretten zu kaufen. Er hat Angst, sie könnten ihm ausgehen. Das bereitet mir ein wenig Sorgen.

»Wenn Sie keine mehr haben, hol ich einfach welche!«

»Abdel, wenn wir einmal dort sind, bleiben wir auch. Wir ordnen uns dem Rhythmus der Kapuzinerinnen unter und ziehen das Seminarprogramm bis zum Ende durch. Bis zum Ende der Woche.«

»Das Programm? Was für ein Programm? Und wie? Wir verlassen das Hotel eine ganze Woche lang nicht?«

»Nicht das Hotel, Abdel, das Kloster!«

»Mmh, na, ist nicht das ungefähr dasselbe? Also, wie viele Päckchen?«

Ich parke den Pontiac vorm Schaufenster eines Drugstores, kaufe seine Droge und kehre zum Auto zurück. Ich öffne die Tür zum Fahrersitz, lasse mich auf den Sitz fallen, drehe den Kopf nach rechts, wo ich eigentlich dem Blick meines Bosses begegnen sollte. Er hat die Farbe gewechselt. Und das Geschlecht. Da sitzt eine riesige schwarze Mama.

»Was haben Sie mit dem kleinen weißen Kopffüßler gemacht, der vor einer Minute noch hier saß?«

Sie schaut mich an und zieht die Augenbrauen hoch bis zum Ansatz ihrer Rastazöpfe.

»Na, aber hören Sie mal! Wer sind Sie denn überhaupt?«

Ich werfe einen Blick in den Rückspiegel. Im Pontiac gleich hinter uns befindet sich ein vergnügter Monsieur Pozzo, und auf dem Rücksitz liegt Laurence, wahrscheinlich totgelacht, Gott hab sie selig.

»Madame, es tut mir leid. Wirklich sehr leid. Ich wollte Ihnen keine Angst einjagen.«

»Aber ich hab doch gar keine Angst, du kleiner Grünschnabel!«

Grünschnabel! Sie hat mich Grünschnabel genannt! Ich musste den Atlantik überqueren, um mich Grünschnabel schimpfen zu lassen! Ich kehre mit eingezogenem Schwanz zum Wagen zurück. Es stimmt, verängstigt sah sie nicht aus … Allerdings hab ich auch gut und gerne fünfzig Kilo weniger drauf als sie. Und er behauptet, ich

habe zugenommen! Da ist doch noch jede Menge Spiel-
raum!

———

Das Kloster sieht aus wie ein Landhaus in den Bergen:
überall Holz, keine vergitterten Fenster, ein See voller
Boote. Ob die Mädels Angelruten verleihen? Philippe
Pozzo di Borgo ist ein besonderer Gast: Normalerweise
öffnen die Nonnen das Haus nur für Frauen. Wie in den
Schulen früher: die Mädchen auf der einen, die Knaben
auf der andern Seite. Keine Vermischung! Aber ein Tetraplegiker, das ist natürlich etwas anderes … Die Männlich-
keit meines Bosses hat durch seinen Unfall einen harten
Schlag erlitten, und ich finde es nicht sehr zartfühlend, ihn
daran zu erinnern, dass er sich nicht mehr nach Lust und
Laune vermischen kann. Was mich betrifft, so bin ich in
meiner Funktion als »Hilfskraft« zugelassen. Inzwischen
mag ich das Wort. Ich hatte Zeit, über seinen Sinn nachzudenken: Wie das Hilfsverb in der Grammatik, hat auch
eine Hilfskraft keine Funktion, solange sie alleine ist. Das
Hilfsverb muss mit einem anderen Verb zusammengetan
werden, oder es ist rein gar nichts. Ich habe, zum Beispiel?
Was habe ich denn? Ich habe gegessen. Ich habe gelesen.
Ich habe geschlafen. Alles klar. Ich bin das Hilfsverb, und
Monsieur Pozzo ist das Hauptverb. Er ist es, der isst, der
liest, der schläft. Aber ohne mich schafft er das nicht. Was
die Nonnen nicht wissen, ist, dass das Hilfsverb Abdel
eine besonders freie Stellung besitzt in der Grammatik
des Lebens. Aber sie werden schon noch draufkommen.

Man teilt mir ein Zimmer im Erdgeschoss zu, gleich neben meinem Chef – nein, man wird mich nicht dazu bringen, es Zelle zu nennen. Der Wagen steht auf dem Parkplatz, ich bin ganz gelassen. Heute Abend heißt mein Hauptverb »schlafen«. Und ich habe einen Plan: Sobald ich Monsieur Pozzo in die Heia gebracht habe, werde ich aus dem Fenster steigen und in die nächste Stadt fahren. In der Zwischenzeit mache ich das Spielchen mit. Wie immer, wenn ich an einen Ort komme, den ich nicht kenne, beobachte ich erst mal. In der Kirche stelle ich den Rollstuhl vom Chef neben die Sitzreihe, dann lehne ich mich an einen Pfeiler in der Nähe und mache ein Auge zu. Mit dem anderen beobachte ich. Die Seminaristinnen sehen alle ein wenig kaputt aus, körperlich oder psychisch oder beides gleichzeitig. Sie konzentrieren sich nur auf ihr Leiden, das sie nicht loslässt, sie ganz und gar in seinen Krallen hält, und sie versuchen, sich durch das Gebet von ihm zu befreien. Ich seh nicht ein, was das mit mir zu tun haben soll. Ein paar von ihnen sind an den Rollstuhl gefesselt, wie Monsieur Pozzo. Ich betrachte sie: Keine Frage, wenn mich das Arbeitsamt zu denen geschickt hätte, wäre ich nicht geblieben. Sie sehen mir wirklich eine Spur zu unglücklich aus. Sämtliche Sicherungen sind rausgesprungen, in ihrem Oberstübchen brennt keine einzige Glühbirne mehr! Während es bei Pozzo blinkt und blitzt. Dieser Typ ist ganz anders als sie. Er ist ein weiser Krieger, ein Jedi wie in *Star Wars* … Die Macht ist mit ihm.

Im Restaurant – nein, man wird mich nicht dazu bringen, es Refektorium zu nennen – wird nicht gesprochen. Man kaut und betet gleichzeitig, so will es die Regel. Ob man dafür beten darf, dass das, was man kaut, besser schmeckt? Wenn ich nur daran denke, dass es zwanzig Minuten von hier All you can eat-Buffets gibt … Monsieur Pozzo und ich haben beschlossen, uns nicht in die Augen zu sehen. Bloß nicht! Wir würden auf der Stelle in Lachen ausbrechen. Ich lese seine Gedanken, und er liest meine. Unsere Andacht lässt noch etwas zu wünschen übrig, und ganz ehrlich, mit seiner steht es nicht besser als mit meiner. Eine Pastorin schaut mich aus dem Augenwinkel an. Was für ein neckischer Blick. Wenn sie hält, was sie verspricht, packe ich sie in den Pontiac, und die wilden Quebecer Nächte gehören uns!

Außer dass ich das Zimmer nicht durch das Fenster verlassen kann. Es ist nicht verriegelt, es ist nicht vergittert, aber die Fluchttreppe endet genau vor meiner Scheibe. Wenn die Baracke Feuer fängt, gibt es einen Toten, einen einzigen. Man wird für seine Seele beten, man wird ihn heiliger Abdel nennen … Ich sitze in der Klemme. Es gibt nicht das kleinste Geräusch, wir sind verloren in der Quebecer Pampa, eine Eule schreit, eine Kapuzinerin schnarcht, die Fluchttreppe sitzt fest an der Fassade, es ist nichts zu machen. Ich gehe schlafen.

Am nächsten Morgen zwinkere ich der Pastorin zu, als wir ihr im Flur begegnen. Sie plaudert munter drauflos:

»Hallo! Stimmt es, dass Sie aus Frankreich kommen?«

Dieses Geschöpf zählt sich zu Gottes Schäfchen. Sie hat Hunderte von solchen Seminaren hinter sich. Sie duzt die örtlichen Nonnen. Wenn sie sich traut, so laut zu sprechen, dann kennt sie vielleicht die Regeln, die wahren Regeln. Ich dachte, das Sprechen ist hier verboten?

»Ja, ja, wir kommen aus Paris … Aber sagen Sie, wird das Schweigegebot hier streng gehandhabt?«

»Ach was, setzen Sie sich heute Abend in der Kantine zu mir. Dann können wir uns besser kennenlernen.«

———

So ist unser Flüstergrüppchen – Monsieur Pozzo, Laurence und ich – von drei auf vier angewachsen. Dann auf fünf, dann sieben Seminaristen. Dann auf zehn, fünfzehn und bis zur Wochenmitte sogar auf zwanzig! Wir flüsterten auch gar nicht mehr, und es wurde laut gelacht an unserem Tisch. Die Gesichter, auf denen ich bei unserer Ankunft am meisten Schmerz erkannt haben wollte, schienen plötzlich viel gelöster. Nur eine Gruppe von unverbesserlichen Depressiven spielte noch eine Extrawurst. Ich nannte sie die Genussverweigerer. Die Kapuzinerinnen, die keine großen Anstrengungen unternahmen, uns zum Schweigen zu bringen, lachten sich krumm und bucklig.

»He, Mädels, ihr solltet euer Praktikum umtaufen.«

»Wie denn, Abdel? Gefällt Ihnen etwa Liebestherapie nicht?«

»Ich glaube, Humortherapie wäre viel erfolgversprechender.«

34

Monsieur Pozzo hält regelmäßig einschläfernde Vorträge vor BWL-Studenten, und auch dahin begleite ich ihn. Er spricht über die »Brutalität der Kapitalisten«, von der »Versklavung der Lohnempfänger oder ihrer Ausgrenzung«, von »Finanzkrisen, angesichts deren die Staaten ohnmächtig sind und die darüber hinaus die Not der Arbeitnehmer noch vergrößern«. Er duzt die Masse der Studenten, die ihm zuhören, um jeden einzelnen von ihnen zu erreichen. Ich habe seinen Rollstuhl aufs Podest vor die zwanzigjährigen Milchbubis in Anzug und Krawatte gerollt und mich auf einen Stuhl danebengesetzt, den Kopf gegen die Wand gelehnt. Ich höre nicht zu. Er ist die reinste Schlaftablette, kein Wunder, dass ich einnicke. Aber von Zeit zu Zeit weckt mich ein prägnanter, mit etwas mehr Überzeugung vorgetragener Satz auf.

»Nur du selbst kannst entscheiden, was unter Ethik zu verstehen ist, nur du allein bist für dein Handeln verantwortlich. In dir drin, in deinem Innersten, in der Stille, findest du das Andere und das Fundament deiner Moral.«

Da, sage ich mir, weiß er, wovon er spricht. Von welcher Stille, von welchem Innersten. Von welchem Anderen. Ich bin ein Teil davon. Vor seinem Unfall, als er noch allmächtig war, als er im Pommery schwamm wie meine

Mutter in Erdnussöl, hätte er mich da überhaupt eines Blickes gewürdigt? Wäre ich auf einer Party seiner unausstehlichen Göre aufgetaucht, hätte ich wahrscheinlich den Laptop mitgehen lassen. Wenn sie heute solche kleinen Rotznasen einlädt, übernehme ich den Sicherheitsdienst.

Der große unbewegliche Weise, dessen Geist über seiner armseligen fleischlichen Hülle schwebt, dieses höhere Wesen, vom Fleisch und all seinen niederen Bedürfnissen befreit, setzt noch einen drauf:

»Erst, wenn du das Andere erkannt hast, kannst du deine Meinung und dein Handeln in die Gesellschaft einbringen.«

Glaubt er das im Ernst? Diese höheren Söhne, die er vor sich hat, haben doch schon jetzt nichts anderes im Sinn, als sich gegenseitig aufzufressen, und das unter Jahrgangskameraden! Dafür müssten sich sämtliche Großbosse erst mit dem Gleitschirm in Hackfleisch verwandeln, um »das Andere zu erkennen« und die Leute so zu respektieren, wie sie sind ...

Na gut, vielleicht müssten Typen wie ich auch aufhören, sich mit dem Asphaltspucken zufriedenzugeben ... Wie Monsieur Pozzo sagt, muss man an die Wörter Solidarität, Seelenruhe, Brüderlichkeit und Respekt noch das Wort »Demut« anhängen. Ich verstehe sehr gut, aber ich, ich bin nun mal der Beste. Es ist geprüft, bewiesen und vom Boss zehnmal pro Tag bestätigt worden. Also wenn man mir mit Demut kommt ... Ich schlafe wieder ein.

Ich mache Fehler, bin ungeschickt und aufbrausend, meine Hände schlagen gerne zu, und aus meinem Mund kommen manchmal böse Worte. Monsieur Pozzo zieht um in eine Wohnung im obersten Stock eines Neubaus – selbstverständlich den höchsten Standards entsprechend – im selben Viertel. Eine komplette Seite ist verglast, es ist die Südseite und die Wohnung damit ein einziger Brutkasten. Sogar für ihn ist es zu heiß. Der Fahrstuhl ist breit genug für seinen Rollstuhl und für mich. Aber wenn ein Auto vor der Tür, auf dem sehr engen Bürgersteig parkt, können wir das Haus nicht verlassen.

Eines Morgens zur Frühstückszeit sind wir eingeschlossen. Der Besitzer des Wagens steht daneben, diskutiert mit einem Typen am Straßenrand. Ich sage ihm, er soll Platz machen. Und zwar sofort.

»Nur eine Minute noch.«

Die Minute verstreicht.

»Sie verschwinden jetzt mit Ihrer Karre.«

»Eine Minute, hab ich gesagt.«

Er ist fast eins neunzig groß, wiegt schätzungsweise hundert Kilo, ich reiche ihm gerade mal bis zur Schulter. Ich schlage mit der Faust auf die Kühlerhaube. Eine Delle entsteht, genau auf der Höhe des Kühlers. Er beginnt mich zu beschimpfen. Ich werde sauer.

Einige Minuten später hält mir Monsieur Pozzo eine seiner typischen Mini-Moralpredigten.

»Abdel, das hättest du nicht tun sollen …«

Es stimmt, denn ich finde mich bald vor dem Richter wieder. Der Typ hat Klage eingereicht wegen Körperverletzung, hat sogar eine ärztliche Bescheinigung vorgelegt, die ihm acht Tage Arbeitsunfähigkeit bescheinigt. Ich habe nicht viel Mühe, den Richter zu überzeugen, dass ein kleiner Bursche wie ich, die Hilfskraft eines Tetraplegikers, einem solchen Koloss überhaupt keine Tracht Prügel verpassen kann. Freispruch. Wer ist der Beste?

Vielleicht doch nicht ich. Es kommt vor, dass mir Monsieur Pozzo aus der Hand rutscht, wenn ich ihn trage. Oder dass ich von seinem Gewicht mitgezogen werde und nicht mehr hochkomme. Oder er sich die Stirn anschlägt. Ich sollte besser sagen: Ich schlage ihm die Stirn an. Es ist allein meine Schuld. In Windeseile entsteht eine Beule, als würde unter seiner Haut im Zeitraffer ein Ei wachsen. Genau wie auf dem Kopf des Katers Sylvester, wenn Speedy Gonzales ihm die Bratpfanne über den Schädel zieht! Ich kann mir das Lachen nicht verkneifen. Ich hole schnell einen Spiegel, er muss das sehen, bevor es wieder weg ist. An manchen Tagen lacht er mit mir. An anderen überhaupt nicht. Dann sagt er:

»Ich habe es satt, ich habe es satt, beschädigt zu sein ...«

Manchmal hat Monsieur Pozzo es wirklich satt. Bei seinen Vorträgen vergisst er nie, von der Entmutigung zu sprechen, der man nie, nie nachgeben darf. Er kann stolz auf mich sein: Abgesehen von seinem Körper, den ich manchmal nicht richtig gut trage, lasse ich nie etwas fallen.

35

Als Mireille Dumas Philippe Pozzo di Borgo vorgeschlagen hat, eine Reportage über ihn und damit auch über unsere Beziehung zu drehen, hat sie zuerst ihn angesprochen. Sie hat ihn angesprochen, wie man es bei einem Paten nun mal tut, mit Achtung und Respekt. Es war im Jahr 2002, er hatte gerade sein erstes Buch veröffentlicht. Seine Geschichte, und damit auch unsere gemeinsame Geschichte, gehörte ihm. Den jungen Abdel hat sie erst mal nicht direkt gefragt, er kommt in seinem Buch auch nicht besonders gut weg. Zum Glück, denn ich beantworte keine Anrufe, wenn ich die Nummer auf dem Display nicht kenne, ich rufe nicht zurück, wenn ich die Stimme auf dem Anrufbeantworter unsympathisch finde, und ich kann wunderbar die E-Mails ignorieren, die meinen elektronischen Briefkasten verstopfen.

Dann hat mich Monsieur Pozzo persönlich gebeten, an dem Dokumentarfilm über ihn mitzuwirken. Ich gab die einzige Antwort, die möglich ist, wenn dieser Mann mich um etwas bittet, egal, worum: Ja.

Mireille Dumas und ihr Team sind wirklich sympathisch, und die Sache ist mir nicht schwergefallen. Monsieur Pozzo und ich wurden am Drehort der Sendung *Vie privée, vie publique, Privat und öffentlich*, nebeneinandergesetzt und von den Journalisten als gleichwertige Interviewpartner behandelt. Ich fühlte mich nicht unbehaglich, war aber auch nicht besonders stolz. Ich fixierte das Dekor, versuchte korrekt zu antworten, natürlich, ohne zu stottern, ohne gezwungen zu klingen. Ich hörte mich das Wort »Freundschaft« aussprechen. Obwohl er es nicht mag, sieze ich meinen »Freund« noch immer. Für mich ist und bleibt er ein Monsieur. Aus einem Grund, den ich nicht kenne, war ich nicht in der Lage, ihn mit seinem Vornamen anzusprechen. Das ist übrigens noch heute so. Und doch, beim Titel* meines Buches ist das Du ganz natürlich gekommen, direkt aus dem Herzen.

Am Tag nach der Sendung haben wir von der Produktionsfirma erfahren, dass die Sendung eine Spitzen-Einschaltquote erzielt hatte, als wir an der Reihe waren. Ich konnte es kaum glauben, aber stolz war ich noch immer nicht. Wie Monsieur Pozzo ganz richtig sagt, bin ich furchtbar arrogant und von mir eingenommen, aber ich will keinen Ruhm, ich möchte nicht, dass man mich auf der Straße erkennt, und bin auch nicht scharf darauf, Autogramme zu geben. Das ist keine Frage der Bescheidenheit: So was ist mir fremd. Es ist doch so, ich habe nichts getan, um die Bewunderung Unbekannter zu verdienen. Ich hab einen Rollstuhl geschoben und einen Mann, dessen Schmerzen mir unerträglich erschienen, mit Joints betäubt. Ich hab ihn durch ein paar schwierige Jahre begleitet. Sie waren schwierig für ihn, nicht für mich. Ich

---

* Der Originaltitel dieses Buches lautet »Tu as changé ma vie« (*Du hast mein Leben verändert*). A. d. Ü.

war, wie er sagt, sein »Schutzteufel«. Ganz ehrlich, es hat mich nicht viel gekostet und hat mir viel gebracht, oder um noch einmal die Formel aufzunehmen, die das Unbegreifliche erklärt: Wir sind schließlich keine Tiere …

Auch als etwas später mehrere Filmteams unsere Geschichte fürs Kino bearbeiten wollten, habe ich nicht sofort zugesagt. Ich wurde natürlich gefragt, aber für mich war nur eine Antwort möglich: dieselbe, die der Pate gibt. Ich wollte nicht das Drehbuch lesen und habe auch nicht gefragt, wer die Rolle des Intensivpflegers übernimmt. Ich fühlte mich Jamel Debbouze nah, aber es war mir klar, dass er dafür nicht der Richtige war! Nach dem Dreh hab ich entdeckt, dass ich mit Omar Sy viele Gemeinsamkeiten habe: Er ist nicht nur wie ich in einer Cité aufgewachsen, sondern auch von anderen als seinen leiblichen Eltern aufgezogen worden. Auch er wurde als Geschenk angeliefert. Ich habe ihn zum ersten Mal in Essaouira getroffen, wo Khadija – Monsieur Pozzos zweite Frau – eine Überraschungsparty zum sechzigsten Geburtstag ihres Mannes organisiert hat. Er hat sich neben mich gesetzt, ganz einfach, er war offen und natürlich. Wir haben uns unterhalten, als hätten wir uns schon immer gekannt.

Der Film hat mich überrascht. Während ich auf der Leinwand die Szenen verfolgte, sah ich sie gleichzeitig so wieder, wie sie sich in Wirklichkeit ereignet haben. Ich sah mich noch einmal mit fünfundzwanzig Jahren den Bullen weismachen, dass mein Chef Probleme mit dem Blutdruck hat und schleunigst ins Krankenhaus muss, eine Frage von Leben und Tod! Ich hab mich gefragt: *War ich wirklich so leichtsinnig? Und warum hat er mich bei sich behalten?* Ich glaube, dass weder er noch ich, noch irgendjemand sonst jemals in der Lage sein wird, so etwas Verrücktes zu begreifen. Als ich an seiner Tür klingelte, war ich noch nicht dieser selbstlose Typ. Olivier Nakache und Éric Tolédano haben ein Double von mir geschaffen. Einen zweiten Abdel, aber einen besseren. Sie haben aus meiner Figur einen Filmstar gemacht, genauso wie aus der Figur von Philippe, den François Cluzet verkörpert. Es war offensichtlich die beste Lösung, das Drama in eine Komödie zu verwandeln, um so dem Wunsch von Monsieur Pozzo zu entsprechen: Er wollte, dass man über sein Unglück lacht, um nicht in Mitleid und kitschige Gefühle abzurutschen. Ich glaube, ich hab nicht mal einen Vertrag für den Film unterzeichnet. Warum hätte ich einen unterschreiben sollen? Was habe ich, Abdel Yamine Sellou, ihnen denn abgetreten? Im besten Fall ein paar Gags. Und sogar diese Gags gehören Monsieur Pozzo, denn er hat sie herausgelockt. Im wirklichen Leben bin ich nicht sein ebenbürtiger Partner, da bin ich kaum eine Nebenrolle, gerade mal ein Komparse. Ich bin nicht bescheiden: Ich bin der Beste. Aber was ich getan habe, war wirklich ganz einfach.

Nach dem Fernsehen und dem Kino kamen die Verleger auf mich zu. Diesmal direkt. »Wir kennen Driss, jetzt möchten wir Abdel kennenlernen«, sagten sie. Ich habe sie gewarnt: Der kleine Araber mit dem Bauchansatz ist vielleicht nicht ganz so sympathisch wie der große Schwarze mit den Diamantzähnen. Sie lachten sich krank, sie glaubten mir nicht. Selber schuld ... Aber ich bin ein Spieler, also sagte ich, *Ist gebongt.* Und so habe ich angefangen, mein Leben zu erzählen, mehr oder weniger der Reihe nach. Als Erstes habe ich von Belkacem und Amina erzählt, denen ich nicht nur Freude gemacht habe, jetzt fällt es mir auf. Jetzt erst, nach vierzig Jahren, bravo, Abdel ... Von meiner Frechheit, den kleinen Gaunereien, vom Gefängnis. Schon gut, Abdel, Kopf hoch, sei stolz. Zeig's ihnen: Hat gar nicht weh getan! Und schließlich von Monsieur Pozzo. Von Monsieur Pozzo schließlich und vor allem, Monsieur Pozzo mit großem M, großem P und allem anderen auch groß, von der Intelligenz und dem Banksafe bis zur Demut.

Und auf einmal klemmt es.

Wer bin ich denn, um über ihn zu sprechen? Ich beruhige mich, ich rede mir gut zu, entschuldige mich selbst: Was ich da erzählt habe, das versteckt Monsieur Pozzo selbst auch nicht. War es denn nicht sein Wunsch, dass François Cluzet bei der kompletten Körperpflege-Prozedur anwesend war, die er täglich über sich ergehen lassen muss, und das schon bei ihrer ersten Begegnung? Die wundgelegenen Stellen, die abgestorbenen Hautschichten, die man mit der Schere abschneidet, die Sonde ... Einem Tetraplegiker wird man kein mangelndes Schamgefühl vorwerfen: Weil er seinen Körper nicht mehr kontrolliert, gehört er nicht mehr ihm, er gehört den Ärzten, Chirurgen, Hilfspflegern, Krankenschwestern und sogar dem Intensivpfleger, die alle von ihm Besitz ergreifen. Er gehört dem Schauspieler, der sich auf seine Rolle vorbereitet, den Zuschauern, die um Verständnis gebeten werden. Gebeten werden, die Moral der Geschichte zu verstehen: dass, die Gewalt über seinen Körper zu verlieren nicht automatisch bedeutet, dass man sein Leben verliert. Dass Behinderte keine Tiere sind, die man anstarren kann, ohne rot zu werden, und dass es auch keinen Grund gibt, ihren Blicken auszuweichen.

Aber wer bin ich, um über das Leiden zu sprechen, über Scham und Behinderung? Ich habe bloß etwas mehr Glück gehabt als die große Masse der Blinden, die nichts gesehen hatten, bevor sie *Ziemlich beste Freunde* gesehen haben.

Ich habe mich in den Dienst von Philippe Pozzo di Borgo gestellt, weil ich jung war, jung und dumm, weil ich die coolen Autos fahren und in der ersten Klasse reisen, in Schlössern übernachten, Spießerinnen in den Hintern zwicken und mich über ihre pikierten Schreie freuen wollte. Ich bereue nichts. Weder, was mich damals umgetrieben hat, noch, was ich heute bin. Aber mir wurde etwas bewusst, als ich in diesem Buch mein Leben erzählte: dass ich erwachsen geworden bin neben Monsieur Pozzo, Monsieur Pozzo mit großem M, großem P und allem anderen auch groß, von der Hoffnung über das Herz bis zum Lebenshunger. Und jetzt werde ich selbst lyrisch wie die abstrakte Kunst …

Er hat mir seinen Rollstuhl wie eine Krücke angeboten, auf der ich mich abstützen konnte. Ich benutze sie noch heute.

V

NEUANFANG

36

Nach ein paar Jahren an seiner Seite sagte ich zu Monsieur Pozzo stopp. Die Hände auf seinem Bauch verschränken, den Oberkörper nach vorn kippen, ihn auf den Rollstuhl hieven, die Glieder auseinanderfalten wie Schokoladenfolie, sie richtig anordnen, ihm Joggingschuhe anziehen, deren Sohlen für immer sauber bleiben würden … Ich sagte stopp.

»Was soll das heißen, stopp? Abdel, lässt du mich im Stich?«

»Nein, ich mache weiter, aber ich kann das nicht mehr als meine Arbeit betrachten. Sie können auch in Zukunft auf mich zählen, aber wir beide werden etwas anderes anstellen. Wir werden uns zusammentun.«

»Abdel, ich brauche dich, nicht umgekehrt.«

»Und ob ich Sie brauche! Ich möchte, dass wir zusammen ein Geschäft auf die Beine stellen. Ich hab die Arme, die nötige Schnauze, aber ich hab keine Manieren. Und ich versteh nichts von dem ganzen Papierkram, Buchhaltung und so. Vor den Bankiers katzbuckeln kann ich auch nicht. Aber Sie.«

»Was das Katzbuckeln betrifft, mein lieber Abdel, so überschätzt du ein wenig meine Geschmeidigkeit.«

Er hat eine geniale Idee, so genial, dass ich überall verkünde, dass sie von mir stammt: eine Autovermietung für Privatpersonen mit Haustürservice. Wer einen Wagen braucht, muss sein Haus nicht mehr verlassen: Der Kunde ruft an, nennt seine Adresse, ein Mitarbeiter bringt ihm die Schlüssel und kehrt mit öffentlichen Verkehrsmitteln in die Firma zurück. Der Laden wird Teleloc heißen, er wird Monsieur Pozzo gehören und ihm allein, ich werde nur da sein, um zu lernen.

Als Erstes beschloss der Boss, dass wir auf die Banken verzichten werden.

»Wie stellen Sie sich das denn vor? Wir müssen rund zwanzig Wagen beschaffen!«

»Mach dir keine Sorgen, Abdel, ich habe ein bisschen was auf der hohen Kante.«

»Ein bisschen was? Ach ja, wie nennen Sie so was noch mal? Einen Eufor…«

»Einen Euphemismus.«

Ich liebe es, neue Wörter zu lernen.

Monsieur Pozzo stellt für meine Beteiligung an der Gesellschaft nur eine einzige Bedingung: dass ich mich nie hinters Steuer eines der Mietwagen setze.

Denn der Rolls-Royce hatte auch dran glauben müssen. Und wieder war es nicht meine Schuld. Die Heizung funktioniert einfach zu gut in diesem Palast auf vier Rädern, und Monsieur Pozzo war kalt, wie immer. Wir fuhren durch die Nacht, Richtung Südfrankreich, es waren mindestens achtundzwanzig Grad im Cockpit. Wie hätte ich da nicht einschlafen sollen? Plötzlich machte es »Krachbumm«, es war die Karosserie, die auf die Stoßstange eines alten Golfs geprallt war. Unmittelbar gefolgt von einem zweiten komischen Laut, etwas in Richtung »tschong«! Der stammte vom Kopf meines Mitfahrers, der hinten gelegen hatte und gegen den Vordersitz geschleudert worden war. Als die Feuerwehr kam, kümmerten sie sich als Erstes um mich.

»Geht es Ihnen gut, Monsieur?«

»Picobello.«

Dann haben Sie nach hinten gesehen. Haben die Tür geöffnet, Monsieur Pozzos Körper entdeckt und das Interesse an ihm gleich wieder verloren.

»Da hinten liegt eine Leiche.«

Ein kleines bisschen Fingerspitzengefühl wird doch immer gern gesehen. Ich legte Monsieur Pozzo auf die Bank zurück, tupfte die Beule ab, die an seiner Schläfe anschwoll, richtete mit einer Eisenstange die Karosserie wieder gerade, und wir setzten unseren Weg fort.

»Geht's, Abdel? Bist du eingeschlafen?«

»Kein bisschen! Es war die Frau vor uns, die hat mich beim Überholen geschnitten!«

Regel Nummer 1: Abdel hat immer recht.

Regel Nummer 2: Wenn Abdel nicht recht hat, siehe Regel Nummer 1.

Ich hab noch nie behauptet, ehrlich zu sein.

———

Wir haben für unser Teleloc ein Büro in Boulogne gemietet. Drei Räume. Der erste ist das Schlafzimmer vom Personal: Youssef, Yacine, Alberto, Driss. Das sind Kumpels aus der Cité, aus der Pizzeria und vom Trocadéro. Nicht alle haben Papiere – auch nicht alle einen Führerschein, wäre ja noch schöner –, sie leben rund um die Uhr dort, auf dem Boden stapeln sich die Decken, in einer Tasse schimmeln Kaffeereste, der Pfefferminztee zieht vor sich hin, ohne dass ein Ende in Sicht ist. Ein zweiter Raum dient als Büro für Laurence, die eingestellt wurde für alle Aufgaben, für die man zwei gesunde Hände und ein funktionierendes Hirn braucht. Der dritte Raum hat einen Wasseranschluss und fungiert als Küche, Badezimmer … und Hundehütte für die beiden Pitbulls von Youssef, die gern mal den Teppich bewässern. Das treibt Laurence in den Wahnsinn.

»Abdel, sag Youssef, seine Hunde sollen woanders hinpissen, oder ich hör auf.«

»Laurence, du wolltest doch Buße tun! So eine gute Gelegenheit findet sich so schnell nicht wieder!«

Sie hat Humor, sie lacht.

Das Abenteuer dauert ein paar Monate. Das reichte, um ein paar der Kisten werkstattreif zu fahren. Um die Reklamationen der Kunden zu sammeln: Die Fahrzeuge kommen dreckig an, der Tank ist leer, und unsere Lieferanten bitten die Kunden hin und wieder doch tatsächlich, sie in Boulogne oder irgendwo anders abzusetzen! Um die Beschwerden der Nachbarn entgegenzunehmen (die Pitbulls bewässern auch den Fahrstuhl). Und um mich von der Polizei abführen zu lassen.

»Abdel, man befördert seine Kunden nicht im Kofferraum«, erklärt mir Monsieur Pozzo, nachdem er mich rausgeholt hat.

Der betreffende Kunde hatte einen Wagen gemietet

und sich geweigert, ihn zurückzugeben. Also holte ich ihn persönlich ab, zusammen mit Yacine. Wir wollten dem Dieb bloß eine kleine Lektion erteilen. Übrigens hat er seinen Fehler eingesehen, denn er hat keine Klage eingereicht.

»Abdel, so geht das nicht weiter. Dieses Unternehmen ist nicht mehr Teleloc, es ist Teleschock! Es ist dir doch klar, dass wir es liquidieren müssen?«

—

Dieser Pate ist ein feiner Herr. Er spricht keine Drohungen aus und verlangt auch nicht, die Geschäftsbücher einzusehen.

»Monsieur Pozzo, wollen wir was anderes ausprobieren?«

Er ist ein Spieler, vielleicht mehr noch als ich.

»Hast du eine Idee, Abdel?«

»Äh ... Auf Auktionen ist doch bestimmt Geld zu holen, oder?«

»Schon wieder Autos?«

»Nein, ich denke eher an Immobilien ... und Auktionen bei brennender Kerze.«

Das Konzept ging so: Wir ersteigerten auf Auktionen, auf denen man so lange bieten konnte, bis eine oder mehrere Kerzen abgebrannt waren, heruntergekommene Wohnungen, polierten sie auf, verkauften sie weiter und strichen ganz nebenbei einen hübschen Gewinn ein. Leider waren Alberto, Driss, Yacine, Youssef und seine Pitbulls beim Klempnern und Malen genauso begabt wie im Umgang mit Kunden und Fahrzeugen. Deswegen hat

Monsieur Pozzo sehr rasch zu einer Unternehmung geraten, bei der wir nur auf unsere eigenen Kompetenzen angewiesen waren. Und er hatte noch etwas anderes im Auge: einen Klimawechsel.

»Abdel, Paris bekommt mir nicht mehr. Zu kalt, zu feucht ... Fällt dir vielleicht etwas Sonnigeres ein?«

»Daran soll's nicht liegen. Die Antillen? La Réunion? Brasilien? Ja, das ist es, Brasilien ...«

Ich sehe mich bereits einen Guavensaft schlürfend an einem Traumstrand liegen, während ein paar *garotas* im String um mich herumtänzeln.

»Brasilien, Abdel, ist mir ein bisschen zu weit. Meine Kinder sind zwar groß, aber ich möchte nicht mehr als zwei, drei Flugstunden von ihnen entfernt leben. Wie wär's, wenn wir uns mal in Marokko umsehen würden?«

»In Marokko? Genial, ich liebe Marokko!«

Das stimmt. Ich fand schon immer, dass der Couscous bei Brahims Mutter am besten schmeckt.

37

In Marokko kenne ich den König. Wir sind gute Freunde, haben uns schon häufiger mit einem Gefallen ausgeholfen, ich weiß, dass er alles tun wird, damit unser Aufenthalt in seinem Land angenehm ausfällt. Ich spreche von Abdel Moula I., dem Putenkönig. Wir haben uns in Paris kennengelernt, unter, sagen wir, etwas zweifelhaften Umständen. Das Leben in seinem Heimatland bekommt ihm besser.

Monsieur Pozzo und ich landen in Marrakesch. Ein mildes Lüftchen umweht uns, als wir aus dem Flugzeug steigen, und schon sind die ersten Palmen zu erspähen.

»Ist das toll! Stimmt's, Monsieur Pozzo?«

Eine Limousine erwartet uns. Herrlich.

»Ist das schön! Stimmt's, Monsieur Pozzo?«

Wir fahren zu der Adresse, die uns mein Freund angegeben hat ... Ein Riad. Er ist nur leider abgeschlossen, und ich habe keinen Schlüssel.

»Ist das ärgerlich! Stimmt's, Abdel?«

So schnell geb ich mich nicht geschlagen! Ich hab noch eine Adresse. Ein anderer Riad in der Medina. Wir lassen uns von der Limousine auf dem Jemaa-el-Fna-Platz absetzen, die Schlangenbeschwörer rücken zur Seite, als sie den Rollstuhl sehen, den ich durch die Gassen eher schleppe als schiebe. Der Boden ist aus Lehm. Die Fußgänger drücken sich rechts an die Mauer, die Fahrräder flitzen über die linke Spur, also gehört die Mitte uns. Wir torkeln im Zickzack um die Löcher herum. Monsieur Pozzo bereut die Reise jetzt schon. Er bereut sie noch mehr, als er merkt, dass in dem Riad das einzige Zimmer im Erdgeschoss zum Innenhof hinausgeht, nicht vernünftig verschließbar ist und außerdem über keine Heizung verfügt. Wieder mal komme ich ihm mit meinem Lieblingswitz: »Ich hol einen Elektroofen. Rühren Sie sich nicht vom Fleck.«

»Ich rühr mich nicht, Abdel, ich rühr mich nicht …«

Es ist dann leider noch etwas dazwischengekommen. Eine Faust – meine Faust –, die in der Fresse eines nicht sehr hilfsbereiten Parkplatzwächters gelandet ist. Doch als ich schließlich wieder zurück bin, habe ich, was ich brauche, um die Bude in einen Brutkasten zu verwandeln. Es ist höchste Eisenbahn. Monsieur Pozzo schlottert schon am ganzen Körper.

»Sehen Sie, Sie rühren sich ja doch!«

Am nächsten Morgen geht's auf Erkundungstour. Meine Chauffeurtalente werden auf eine harte Probe gestellt. Wir verfahren uns mehrmals, aber es ist nie meine Schuld: Was soll denn auch dieser ganze Schnee auf den Straßen im Atlasgebirge und der ganze Sand in der Wüste! Schließlich halten wir in Saïdia, genannt »die blaue Perle des Mittelmeers«, im Nordosten das Landes, ganz nah an meinem Geburtsland Algerien. Ein Traumstrand, Dutzende von gigantischen Hotels, aber nichts, was man hier sonst noch tun könnte. Das heißt, für uns gibt's hier einiges zu tun! Wir denken an einen Freizeitpark für Touristen. Wir müssen ein Grundstück finden und beim Präfekten, der schwer erreichbar ist, die nötigen Bewilligungen einholen. Die Tage gehen ins Land, ohne dass wir weiterkommen.

Am Empfang unseres Hotels ist eine sehr schöne junge Frau. Wenn ich ihrem Blick begegne, geschieht etwas. Etwas Neues. Etwas, das mich stutzen lässt. Mich am Boden festnagelt. Mir die Sprache verschlägt. Sieh an, das erinnert mich an das komische Gefühl, das ich hatte, als ich zum ersten Mal bei Philippe Pozzo die Borgo aufgekreuzt bin. Ich rufe mich zur Vernunft. Wir sind schließlich nur auf Durchreise.

»Abdel, in der Avenue Léopold II. warst du auch nur auf Durchreise, erinnerst du dich?«, kichert plötzlich ein Jiminy Grille in mir. Ich schnauze ihn an, er soll Pinocchio auf dem Gewissen rumtrampeln und mich in Ruhe lassen. Ich muss laut gedacht haben. Die schöne Telefonistin schaut mich an und bricht in Lachen aus. Sie muss mich für völlig bekloppt halten. Wie steh ich denn jetzt da?

Monsieur Pozzo und ich meinen es ernst mit unserem Projekt, aber wir müssen bald einsehen, dass wir Monate brauchen, um es zu verwirklichen. Wir werden nach Paris zurückkehren und Laurence mit ins Boot holen (für alles, was zwei gesunde Hände und ein funktionierendes Hirn braucht, wie immer). Wir reisen hin und her. Wir steigen immer im selben Hotel ab, natürlich. Jedes Mal lächelt das schöne Mädchen am Empfang freundlich, still, geheimnisvoll. Und ich benehme mich vor ihr wie ein Idiot.

Sie sagt zu mir:

»Abdel Yamine, du gefällst mir.«

Und dann:

»Abdel Yamine, du gefällst mir sehr.«

Und schließlich:

»Abdel Yamine, wenn du mich willst, musst du mich heiraten.«

Das ist doch mal was anderes ... Sie kommt aus einer Familie mit lauter Schwestern. Nie wurde ihr von einem großen Bruder das Wort verboten, sie lebt, wie sie es für richtig hält, trifft ihre eigenen Entscheidungen. Sie fragt Monsieur Pozzo:

»Halten Sie es für eine gute Idee, wenn ich Abdel Yamine heirate?«

Er gibt ihr seinen Segen, wie ein Vater. Aber wie wessen Vater? Ihrer oder meiner?

————

Das schöne Mädchen heißt Amal. Wir haben drei Kinder: Abdel Malek ist 2005 geboren. Sieht ganz so aus, als wäre er der Schlaukopf der Familie: Er ist immer brav, lernt schön für die Schule und haut nicht allzu sehr auf die Kleineren ein. Unser zweiter Sohn, Salaheddine, ist ein Jahr später dazugekommen. Er hatte bei der Geburt große gesundheitliche Probleme, musste mehrere schwere Operationen über sich ergehen lassen, er ist eine Kämpfernatur. Unter uns nennen wir ihn Didine, aber er hat viel von einem Rocky Balboa. Ich erkenne mich in ihm wieder, sage ihm eine schöne Karriere als Schlitzohr voraus, und treibe damit seine Mutter zur Weißglut. Und unsere Tochter Keltoum schließlich ist 2007 zu uns gestoßen, sie hat schönes lockiges Haar, ist schlau wie ein Fuchs und hat genauso viel Schalk wie Charme. Ich hätte sie auch Candy nennen können. Amal hat beschlossen, dass jetzt erst mal Schluss ist. Sie trifft die Entscheidungen.

Bei einem Zwischenstopp in Marrakesch hat Monsieur Pozzo ein Juwel namens Khadija kennengelernt. Sie haben sich zusammen in Essaouira niedergelassen, direkt am Meer, wo es nie zu heiß und nie zu kalt ist. Sie ziehen zwei kleine Mädchen auf, die sie adoptiert haben. Es geht ihnen gut. Ich besuche sie oft, allein oder während der Ferien mit der Familie. Die Kinder spielen alle zusammen im Pool, das Haus hallt wider von ihren Schreien und ihrem Lachen, ist voller Freude, voller Leben. Und auf Marokkos Straßen fahre ich nie sehr schnell, wenn ich am Steuer sitze …

Aus unserem Projekt mit dem Freizeitpark in Saïdia ist nie etwas geworden, aber mal ehrlich, das ist uns so was von egal!

38

Ich hatte zu Monsieur Pozzo schon stopp gesagt, bevor ich meinen Unfall hatte. Ich war nicht mehr sein Angestellter. Ich war noch an seiner Seite, brachte ihn noch immer überallhin, wo er hinmusste, ich erfüllte jeden Tag die Aufgaben, die ich seit Jahren zu erfüllen hatte, aber ich war nicht mehr seine Lebenshilfe. Ich war einfach da in seinem Leben.

Im Oktober 1997 bat er mich zu Beginn der Herbstferien, seinen Sohn zu seiner Großmutter in die Normandie zu bringen. Der Kleine, noch immer genauso still und sympathisch, nahm hinten Platz. Auch Yacine hatte Lust auf einen Tapetenwechsel, er setzte sich neben mich. Ich klemmte mich hinters Steuer des Renault Safrane, der übrigens *mein* Safrane war (für ihn hatte ich den Renault 25 verkauft). Wir kamen nicht sehr weit: An der Porte Maillot, gleich nach dem Tunnelausgang Richtung La Défense blieb der Wagen stehen. Motorpanne, einfach so, ohne Vorwarnung, auf dem mittleren Fahrstreifen. Ich setzte den Warnblinker, die anderen Autofahrer hupten erst, dann kapierten sie, dass wir ihnen nicht absichtlich den Tag vermiesten, und fuhren rechts und links an uns vorbei. Ein Fahrzeug der Verkehrsüberwachung war schnell vor Ort. Zwei Männer im Sicherheitsanzug stellten um den Safrane herum Poller auf, um den Verkehr umzuleiten. Wir brauchten nur noch zu warten.

Yacine und Robert-Jean sind im Auto geblieben. Ich lehnte mich an die Tür zum Fahrersitz und hielt nach dem Bergungsfahrzeug Ausschau. Ich hatte keine Angst, ich war mir überhaupt keiner Gefahr bewusst. Gute zehn Minuten lang sah ich zu, wie die Autos im Abstand von eineinhalb Metern hinter den grellorangenen Kegeln an mir vorbeifuhren. Dann sah ich einen Sattelschlepper, der nach links auswich. Und schließlich sah ich den hinteren Teil des Lastwagens, der dem Safrane und damit mir immer näher kam. Der Fahrer scherte etwas zu früh wieder ein. Ich wurde zwischen seinem Anhänger und dem Safrane eingeklemmt. Ich hatte gerade noch Zeit zu schreien, dann lag ich auf dem Boden und verlor für einen Augenblick das Bewusstsein.

Ich erinnere mich vage, dass ich von einem Rettungswagen weggebracht wurde. Als sie mich hochhoben und auf die Trage legten, spürte ich einen so heftigen Schmerz, dass ich wieder ohnmächtig wurde. Ich erwachte im Krankenhaus von Neuilly mit der Aussicht, am nächsten Tag operiert zu werden. Philippe Pozzo di Borgo hat subito einen neuen Pfleger aufgetrieben. Ich kann mir vorstellen, wie sich der arme Kerl gefühlt haben muss, als er seinen neuen Job antrat! Sein Chef bat ihn als Erstes, ihn ins Krankenhaus zu bringen, um seinem Vorgänger Gesellschaft zu leisten. Wir schickten ihn in die Cafeteria, um eine Schokolade zu kaufen, damit wir ihn loswurden.

»Und, wie ist er so, der Neue?«

»Er ist ... professionell.«

»Also nicht gerade eine Spaßkanone ...«

»Dafür wirst du, Abdel, immer mehr zu einer Euphemismus-Kanone!«

»Genau ... Und wer ist der Beste?«

»Der bist du, Abdel. Der bist du, wenn du auf deinen Beinen stehst!«

Er hatte recht, wer in einem Glaskrankenhaus sitzt, sollte besser keine Steine werfen. Man muss sich das mal vorstellen: Der tetraplegische Aristokrat und der kleine Araber mit kaputter Hüfte, die nebeneinander in ihren Rollstühlen sitzen und den Krankenschwestern begehrliche Blicke hinterherwerfen.

»Wie lange wird es dauern, Abdel?«

»Ein paar Wochen mindestens. Die Ärzte sind nicht sicher, dass die Operation lange vorhält.«

»Du bist bei mir immer willkommen, das weißt du doch?«

»Logisch, wo ich doch der Beste bin!«

Es ist nicht immer leicht, danke zu sagen ...

———

Einige Monate nach diesem Unfall nahm ich meine Arbeit, oder besser meine Geschäftsbeziehung mit Monsieur Pozzo wieder auf. Damals nämlich brachten wir Teleloc auf den Weg, anschließend die Wohnungsversteigerungen bei brennender Kerze und zu guter Letzt das Projekt in Marokko. Während all dieser Jahre musste ich mehrmals aussteigen, um mich operieren zu lassen, von den Reha-

Wochen ganz zu schweigen. Ich war noch keine dreißig und fand, dass ich zu jung war, um als Schwerinvalide durchzugehen, knapp unter dem Schwerstinvaliden Monsieur Pozzo. Die Krankenversicherung schrieb mir, ich dürfe nicht arbeiten, zu gefährlich für meine Gesundheit! Die haben sie doch nicht mehr alle, dachte ich ... Das zeigt vielleicht, dass ich mich zu dem Zeitpunkt schon verändert hatte. Aber zugegeben hätte ich es niemals. Ich tönte herum, wie immer, ohne zu überlegen, was ich vom Stapel ließ.

»Jetzt ist Schluss mit den Dummheiten, Abdel, jetzt wirst du das richtige Leben kennenlernen«, sagte Monsieur Pozzo.

»Stimmt, ich werde es noch mehr genießen! Jetzt wo ich ausrangiert bin, lasse ich mich fürs Nichtstun bezahlen. Das schöne Leben erwartet mich!«

Er tat, was er konnte, um etwas Grips in mein Gehirn zu pflanzen. Ich tat, was ich konnte, um ihn zu überzeugen, dass das keinen Sinn hatte. Bezahlt zu werden, um auf dem Sofa herumzulümmeln, interessierte mich nicht mehr: Ich konnte nicht stillsitzen!

Monsieur Pozzo sprach wie ein Vater zu mir, ein Ratgeber, ein Weiser, er versuchte mir Ordnung und Moral beizubringen, Werte, die mir lange Zeit fremd gewesen waren. Er machte das vorsichtig, klug, um mich nicht gegen sich aufzubringen wie die Lehrer, Polizisten und Richter früher. Er sprach wohlwollend mit mir und tat fast, als wäre das alles nicht so wichtig. Er wollte, dass ich die Gesetze respektierte. Zum Teil bestimmt auch, um die Gesellschaft vor mir zu schützen, aber vor allem, um mich vor der Gesellschaft zu schützen. Er hatte Angst, dass ich mich in Gefahr bringe, dass ich mich wieder dem Gericht und dem Gefängnis, aber auch meiner eigenen Gewalt-tätigkeit ausliefere. In einem Moment der Schwäche oder der Prahlerei muss mir mal herausgerutscht sein, dass ich Fleury-Mérogis von innen kenne. Ich weiß nicht, ob er mir geglaubt hat, aber er hat nicht weiter nachgefragt. Er wusste seit unserer ersten Begegnung, dass ich keine Fra-gen beantworte oder einfach irgendeinen Stuss erzähle, wenn es um meine Vergangenheit geht. Er wusste, dass man warten muss, bis ich von selbst komme, und dass man unter Umständen lange warten konnte. Er wusste, dass ich unberechenbar war, aber er lenkte mich in halbwegs geordnete Bahnen. Das Spielzeug, das Tier, die Puppe war ich, ich war in seinen unbeweglichen Händen die Mario-nette. Abdel Yamine Sellou, der erste ferngesteuerte G. I. Joe in der Geschichte.

39

Ich sage über mich, was ich will und wann ich es will. Wenn ich es will. Hinter einer Wahrheit kann sich eine Lüge verbergen. Eine andere Wahrheit wird so aufgemotzt, dass sie als Lüge erscheint, die Lügen kommen so übertrieben daher, dass man sich schließlich fragt, ob nicht doch ein Fünkchen Wahrheit dahintersteckt … Mal sag ich die Wahrheit, mal lüge ich, so blickt keiner durch. Aber es kommt vor, dass ich mich überlisten lasse. Die Journalisten, die mich für Mireille Dumas' Dokumentarfilm interviewten, haben nicht auf jede Frage eine Antwort bekommen, aber ihnen ist es gelungen, mich mit meinen eigenen Waffen zu schlagen. Sie haben mein Schweigen gefilmt. Haben mein Gesicht ganz nah herangezoomt. Haben einen Blick aufgefangen, der auf Monsieur Pozzo ruht. Und diese Bilder sprechen für sich. Sie sagen viel mehr, als ich mit Worten zugegeben hätte.

Als ich mich auf dieses Buch einließ, dachte ich ganz naiv, ich könnte so weitermachen wie bisher: keine Kameras diesmal, keine Mikrophone. Ich sage, was ich will, und wenn es mir gefällt, dann halte ich den Mund! Ich war mir, bevor ich loslegte, überhaupt nicht bewusst, dass ich bereit zu sprechen war. Bereit war, den anderen, in diesem Fall den Lesern, zu erklären, was ich mir selber noch nie erklärt hatte. Ganz richtig, ich sagte erklären, ich sagte nicht »rechtfertigen«. Ich mag selbstgefällig sein, das dürfte sich inzwischen herumgesprochen haben, aber ich bin kein Mitleidstyp. Mich packt das Grauen, wenn ich sehe, wie die Franzosen alles analysieren und jedes Verhalten mit einer anderen Kultur, einer mangelhaften Erziehung oder einer unglücklichen Kindheit entschuldigen, auch das Unentschuldbare. Meine Kindheit war nicht unglücklich, im Gegenteil! Ich bin aufgewachsen wie ein Löwe in der Savanne. Ich war der König. Stark, intelligent, verführerisch, der Beste. Wenn ich die Gazelle unbehelligt an der Quelle trinken ließ, dann hatte ich keinen Hunger. Aber wenn ich Hunger hatte, fiel ich über sie her. Als Kind warf man mir meine Gewalttätigkeit genauso wenig vor, wie man einem Löwenjungen den Jagdinstinkt vorwirft. Und das soll eine unglückliche Kindheit gewesen sein?

Es war einfach eine Kindheit, die nicht darauf vorbereitete, erwachsen zu werden. Ich war mir darüber nicht im Klaren und meine Eltern sich genauso wenig. Das kann man keinem vorwerfen.

Ich habe mit Monsieur Pozzo nie über meine Vergangenheit gesprochen. Er versuchte mich, ganz vorsichtig, zum Sprechen zu bringen. Ich fing sofort an, Witze zu reißen, und er verstand, dass ich keinen Einblick in mein Inneres geben wollte, nicht ihm, nicht mir selbst, und drängte nicht weiter. Aber manchmal schubste er mich vorsichtig an.

»Geh doch mal deine Familie besuchen.«

»Geh auf die Menschen zu, die dich ernährt haben.«

»Warum fährst du nicht mal in deine Heimat?«

Und als Letztes:

»Diesen Vorschlag, ein Buch zu schreiben, nimm ihn an. Es ist die Gelegenheit, dir über einiges klarzuwerden. Es ist interessant, du wirst sehen!«

Er wusste, wovon er sprach. Vor seinem Unfall hatte er ständig auf der Überholspur gelebt, ohne jemals zurückzublicken. Als er dann von einem Tag auf den anderen gestoppt wurde und sich achtzehn Monate lang in einem Reha-Zentrum behandeln lassen musste, umgeben von lauter genauso unglücklichen – und manchmal noch jüngeren – Frauen und Männern, da hat er Bilanz gezogen. Er hat entdeckt, wer er war, wer er in seinem Innersten war, und hat gelernt, die Augen für den Anderen – mit großem A, wie er sagt – zu öffnen, wofür er davor nie die Zeit gehabt hatte.

Philippe Pozzo erkannte, dass mein Schweigen und meine Blödeleien bedeuteten, dass ich mich weigerte, den Fuß vom Gaspedal zu nehmen. Doch er hörte nicht auf, mich zu ermutigen.

Erst als Dinge passierten, die ich nicht mehr unter Kontrolle hatte, fing ich an, auf seinen Rat zu hören.

Und für den Anfang bin ich in das Land meiner Geburt zurückgekehrt und habe meine Familie besucht.

40

»Ich bin der Putenkönig. Steig doch mit Hähnchen ein! Im Geflügelreich ist noch Platz für dich.«

Abdel Moulas Vorschlag war Gold wert. Er war bereit, sein Revier mit mir zu teilen. Aber das konnte ich nicht annehmen. Ob Huhn oder Pute, das ist für mich gehupft wie gerupft, und ich sah mich nun mal nicht als Nummer zwei. Ich bin die Nummer eins oder gar nichts. Bis zu diesem Zeitpunkt war ich eher gar nichts, und mir war klar, dass sich daran etwas ändern musste. Aber ich konnte mir nicht vorstellen, einem Freund, der mich so großherzig aufgenommen hatte, den Platz streitig zu machen. Und ich konnte mir mich schlecht in Marokko vorstellen: Ich war noch immer davon überzeugt, dass meine Herkunft schuld daran war, dass aus dem geplanten Vergnügungspark in Saïdia nichts wurde. Algerier und Marokkaner können sich nicht besonders leiden. Die Algerier werfen den Marokkanern vor, sie führen sich aufgrund ihrer Kultur und ihres Reichtums wie die Fürsten des Maghreb auf. Und die Marokkaner halten die Algerier für feige, faul und ungehobelt. Die marokkanische Verwaltung hat mir alle möglichen Hindernisse in den Weg gelegt, als ich Amal heiraten wollte. Ich musste sie mit einem Touristenvisum nach Frankreich holen, um sie den Klauen ihres Landes zu entreißen. Marokko wollte Amal behalten, aber mich wollten sie nicht.

Ich habe bald verstanden, dass in Algerien alles einfacher wäre und dass ich dort wenigstens niemanden ausbooten würde. Abdel Moula bot mir an, mich in die Geflügelzucht einzuweisen. Vom Bau der Gebäude bis zur Wahl der Körner, er hat mir alles beigebracht. Monsieur Pozzo hat den Bankier gespielt. Einen sehr speziellen Bankier, der nicht nachrechnet. Und so machte ich mich auf in mein Land, um für mein Vorhaben den passenden Ort zu finden.

Seit über dreißig Jahren hatte ich keinen Fuß mehr nach Algerien gesetzt. Seine Düfte, Farben und Geräusche hatte ich alle vergessen. Und als ich sie wiederentdeckte, ließ es mich kalt. Es kam mir vor, als hätte ich sie nie gekannt. Es war eine Begegnung, kein Wiedersehen, und ein freudiges schon gar nicht.

Pragmatisch, wie ich bin, blieb ich einem meiner liebsten Mottos treu: *Mach was draus.* Ich sagte mir, dass man in Frankreich nichts Neues mehr aufziehen kann, dass die Bürokratie sehr kompliziert ist, dass die Banken kein Geld leihen (schon gar nicht jungen Arabern mit einem Vorstrafenregister), dass die Abgaben viel zu hoch sind, selbst für Existenzgründer …

Mach was draus, Abdel, mach was draus. Du hast noch immer einen algerischen Pass, dein Land, das du nicht kennst, empfängt dich mit offenen Armen, es befreit dich fünfzehn Jahre lang von sämtlichen Abgaben und Steuern, von der Mehrwertsteuer bis zu den Zollgebühren.

Mach was draus … Mein Credo, das Monsieur Pozzo

»die abdelische Philosophie« nennt. Philosophie ist vielleicht ein kleines bisschen hochgegriffen …

———

Wochenlang ziehe ich durch das Land, von Osten nach Westen, von Norden nach Süden. Ich halte überall an, in jeder Stadt, erkundige mich nach den Firmen in der Nähe, der Einwohnerzahl, dem Lebensstandard der Bevölkerung, der Arbeitslosenquote. Ich schau mir alles genau an: die Landschaft, den Zustand der Straßen, die auf die Felder führen, die Fabriken und Bauernhöfe. Ich studiere die Konkurrenz. Nach Algier gehe ich nicht. Ich begebe mich nicht zur Adresse auf der Rückseite der Briefe, die ich als Kind auf dem Heizkörper im Flur gefunden habe. Ich habe eine gute Ausrede, um die Hauptstadt zu meiden: In einer Großstadt baut man schließlich keine Hühnerzucht auf! Es braucht genügend Raum, damit das Geflügel sich tummeln kann, und Luft, damit die schlechten Gerüche sich verziehen können. Schließlich finde ich in Djelfa den idealen Ort, dreihunderttausend Einwohner, die letzte große Stadt vor der Wüste. Jetzt noch ein paar Schritte zurück, weg von den Wohngebieten, und ich setze meine Fähnchen in den Sand. Das heißt … Ich versuch's.

Um ein Stückchen algerische Erde erwerben zu können, muss man beweisen, dass man ein Kind des Landes ist. Eine Geburtsurkunde vorweisen: Ich habe keinen Zugriff auf das Familienstammbuch. Eine Adresse angeben: Ich habe keinen festen Wohnsitz. Einen Ausweis vorlegen: Um einen zu bekommen, braucht man eine Geburtsurkunde ... Ich kehre nach Frankreich zurück, und obwohl ich mir meine Niederlage noch nicht eingestehe, ist meine Laune nicht die beste. Monsieur Pozzo fragt mich aus und versteht sofort, was Sache ist.

»Abdel, es gibt keinen Grund sich zu schämen, wenn man seinen Erzeuger um das bittet, was einem zusteht.«

Er hat recht. Es gibt keinen Grund sich zu schämen. Oder sich zu genieren. Oder zu freuen. Oder zu jubeln. Oder ungeduldig zu werden. Oder Angst zu haben. Es gibt keinen Grund für gar nichts. Wenn ich mir vorstelle, den Mann zu treffen, den ich seit über dreißig Jahren nicht mehr gesehen habe, empfinde ich nur Gleichgültigkeit. Mein Sohn Abdel Malek, der noch nicht gehen kann, klettert mir auf die Knie. Ich verkünde ihm:

»Ich gehe Großvater besuchen. Na, was hältst du davon?«

Amal weist mich sanft zurecht.

»Sein Großvater wohnt gleich neben uns. Es ist Belkacem ...«

———

Es war dann doch nicht einfach, trotz der Gleichgültigkeit ... In Algier traf ich einen Kumpel aus Beaugrenelle, der bei seiner Familie zu Besuch war. Ich trug ihm auf, einen meiner Brüder in ein Café zu bringen, ohne ihm zu sagen, dass ich auch da bin. Abdel Moumène, drei Jahre jünger als ich. Er war noch ein Baby, als ich ihn zum letzten Mal gesehen habe. Als er vor mir stand, wusste er sofort, mit wem er es zu tun hat. Wir hätten ja auch Zwillinge sein können, von ein paar Zentimetern und einer Handvoll Kilos mal abgesehen.

»Abdel Yamine, du bist es! Also so was! Du bist hier? Aber was tust du hier? Und kommst du oft her? Also so was! Komm mit, wir gehen zu den Eltern, sie werden sich freuen, dich zu sehen.«

Ich winkte ab. Diesmal nicht. Viel Arbeit und so. Ein anderes Mal vielleicht.

»Sag ihnen nicht, dass du mich getroffen hast.«

Eine Woche später war ich wieder da. Wieder traf ich mich mit Abdel Moumène im Café. Ein ganz sympathischer Typ, fand ich.

»Hör zu, komm mit nach Hause! Wovor hast du Angst?«

Angst? Vor gar nichts! Fast hätt ich ihm eine geknallt.

———

Ich erinnerte mich an das Haus. Als ich es betrat, war alles wieder da. Das Gedächtnis spielte mir einen komischen Streich. Plötzlich stürzten Bilder auf mich ein, die sich zwischen meiner Geburt und meinem Weggang nach Frankreich mit vier Jahren in mir angesammelt hatten. Aber wo haben sie gesteckt, diese Erinnerungen, während all der Jahre in der Cité, in Fleury-Mérogis, in den Palästen von Monsieur Pozzo? Wohin hatten sie sich verkrochen? In welchen Winkel des Spatzenhirns von Abdel Yamine Sellou, des Schlitzohrs, des Gauners, des Diebs … und des Intensivpflegers?

Da ist wieder das Bild eines riesigen Gartens. Er entpuppte sich als zubetonierter Innenhof. Der Schatten eines majestätischen Mispelbaumes. Er stellte sich als unfruchtbar heraus. Der Eindruck von unendlich viel Platz. Wir alle kamen kaum im Wohnzimmer unter.

Auf dem Tisch stand Kaffee, eine dicke, ungenießbare Brühe, wir setzten uns um ihn herum. Der Vater war da, die Mutter, die älteste Schwester, zwei weitere Schwestern, Abdel Moumène und ich. Nur Abdel Ghany fehlte (er lebt mit seiner Frau und seinen Kindern in Paris, wo er eine ruhige Kugel schiebt). Wir sahen einander lange an, ohne viel zu sprechen. Ein paar Worte nur. Keine Vorwürfe, sondern Feststellungen.

»Du hast uns nicht oft geschrieben.«

Um nicht zu sagen überhaupt nicht.

»Du hast uns nicht oft angerufen.«

Ein Euphemismus!

»Und deiner Frau geht's gut?«

Ich stellte fest, dass sie von Belkacem und Amina über mein Leben bestens Bescheid wussten.

»Wir haben dich im Fernsehen gesehen, in dem Film mit dem behinderten Monsieur.«

Der behinderte Monsieur. Monsieur Pozzo. Wie weit weg er war …

Ich erzählte ihnen, dass ich im Süden des Landes ein Grundstück suchte, um eine Geflügelzucht aufzubauen. Dass ich mich vielleicht, nur vielleicht, es war noch nicht sicher, dort niederlassen würde. Nicht sehr weit von hier. Ich gab ihnen ein paar Auskünfte über meine Pläne, ohne zu sehr ins Detail zu gehen. Sie hörten mir zu, ohne zu antworten, behielten ihre Meinung für sich, fragten nicht nach. Während ich sprach, ratterte in meinem Kopf eine

Frage nach der anderen ab, und ich wunderte mich, warum sie sie mir nicht stellten: Warum ausgerechnet jetzt? Warum so spät? Und was willst du von uns? Was erwartest du?

Nichts.

Das war ihnen wohl bewusst, und darum schwiegen sie.

Ich betrachtete die schlichten Möbel, die orientalischen Sofas mit den ordentlich aufgereihten Kissen in schillernden Farben. Ich betrachtete Abdel Moumène und die anderen Geschwister, die bei Papa-Mama einfach in den Tag hineinlebten. Ich betrachtete diesen Mann mit den hellen, klaren Augen, Augen wie das Mittelmeer, die ich nicht geerbt habe. Ich betrachtete diese Frau, ihre schwarzen, hennagefärbten Haare, ihre europäische Bluse, ihren Bauch, aus dem ich vor fünfunddreißig Jahren herausgekommen war. Ich habe mir meine Familie genau angesehen. Ich bin von allen der Kleinste, der Dickste, der mit den größten Füßen, mit den kürzesten Fingern. Ich bin der Gizmo unter den Gremlins. Danny DeVito neben Arnold Schwarzenegger. In der Cité sagten die Kumpels oft, ich sähe meinem Vater ähnlich. Sie wollten nett sein, mir eine Freude machen. Sie hatten keine Ahnung.

Ich glaube, meine Eltern haben mir einen Gefallen getan, als sie mich nach Paris brachten. Dort hatte ich bessere Chancen, als ich in Algier gehabt hätte, in diesem bescheidenen Haus, im Schatten eines kränklichen Mispelbaumes mit all meinen Geschwistern. In diesem Land, in dem man die Vögel nicht aus dem Nest schubst, damit sie sich emporschwingen. In diesem Land, in dem ich einem Mann wie Philippe Pozzo di Borgo niemals begegnet wäre.

———

Ich konnte das Grundstück in Djelfa schließlich kaufen und stellte acht Männer ein, die mir einigermaßen vertrauenswürdig vorkamen. Gemeinsam haben wir ein Stromaggregat gebaut, die Gebäude errichtet und das Geschäft auf die Beine gestellt. Alle drei, vier Wochen kehre ich nach Paris zurück, um Amal und die Kinder zu sehen, die in Frankreich zur Schule gehen, dort ihre Freunde und ihre Hobbys haben. In Djelfa schlafe ich in meinem Büro. Und wenn ich für ein paar Tage nach Algier fahre, schlafe ich im Zimmer von Abdel Moumène.

Es wird immer Leute geben, die über mich urteilen. Und mich also verurteilen, ohne einen Augenblick zu zögern. Ich werde immer der kleine Araber sein, der die Schwäche eines schwerbehinderten Mannes ausnutzt. Ich werde immer der Heuchler sein, der Flegel, der keinen Respekt hat vor nichts und niemandem, ein eitler Fatzke, dem es nicht reicht, ins Fernsehen zu kommen, nein, der auch noch mit vierzig seine Memoiren schreiben muss. Aber es ist mir völlig egal, was man von mir denkt. Heute kann ich mich im Spiegel sehen.

Monsieur Pozzo sagt, ich sei ruhiger geworden, weil ich meinen Platz in der Gesellschaft gefunden habe. Noch vor wenigen Jahren hielt er mich für fähig, »aus einer Laune heraus«, wie er sagt, jemanden umzubringen. Er fügte hinzu, er würde mir Orangen ins Gefängnis bringen, wie es jeder andere Vater an seiner Stelle tun würde. Ich sehe ihn nicht als meinen Vater. Er möge mir verzeihen, aber was genau ich unter dem Ausdruck Vater verstehen soll, ist mir immer noch etwas schleierhaft ... Er ist nicht weniger als ein Vater, er ist nicht mehr, er ist einfach er, Monsieur Pozzo di Borgo, und ich muss mich zurückhalten, um seinen Namen nicht von Anfang bis Ende großzuschreiben, inklusive dem noblen »di«.

Er ist es, der mir das Lesen beigebracht hat. Nicht das Entziffern, das Lesen. Der es mir ermöglicht hat, einen Teil meines Rückstands in Sachen Bildung aufzuholen. Bevor ich ihn kannte, sagte ich gerne, ich hätte als Schulabschluss die mittlere Unreife. Inzwischen ist das Früchtchen zumindest ein bisschen nachgereift. Er ist es, der mir Demut beigebracht hat, und das war ein Haufen Arbeit! Der mir die Augen geöffnet hat für die großen und kleinen Bourgeois, eine Welt von Außerirdischen, von denen ein paar trotz allem ganz in Ordnung sind. Der mir beigebracht hat, das Hirn einzuschalten, bevor ich antworte, und bevor ich handle auch. Der mich gedrängt hat, die Maske abzulegen. Der zu mir gesagt hat, *ja, Abdel, ja, du bist der Beste*, während ich selbst davon nicht sehr überzeugt war, egal, wie sehr ich mich aufgespielt habe. Der mich geformt hat. Mich vorangebracht hat. Zu einem besseren Menschen gemacht hat. Und sogar, zumindest ansatzweise, zu einem Vater.

———

Im letzten Sommer unternahm ich mit meinen Kindern einen Schiffsausflug auf der Seine. Wir setzten uns unter die Touristen, die sich ziemlich verändert haben seit der Zeit, als ich sie ausgenommen habe. Es gab viele Chinesen, technologisch auf dem neuesten Stand, hübsche Geräte, die auf dem Flohmarkt von Montreuil einiges einbringen würden. Auch ein paar Russen waren mit von der Partie, ganz ansehnliche Miezen sicher, aber auch echte Knochengerüste – nichts für mich –, und die Typen um einiges stämmiger als ich. Mit ihnen hätte ich mich nicht angelegt. Abdel Malek stellte mir kluge Fragen, wie immer.

»Papa, was ist das für ein Gebäude? Es sieht aus wie ein Bahnhof.«

Ich ertappte mich dabei, dass ich redete wie ein Buch.

»Das war früher ein Bahnhof, du hast recht. Jetzt ist es ein Museum. Orsay heißt es. Da drin gibt es Gemälde. Viele Gemälde.«

Ich kam mir viel zu ernst vor. So kannte ich mich gar nicht. Und ich musste noch eins drauflegen.

»Weißt du, Abdel Malek, früher, da gab es noch keine Fotoapparate, darum haben die Leute gemalt ...«

Ein Stück weiter, wieder mein Sohn:

»Und diese Brücke dort, warum hat man sie in zwei Teile geschnitten?«

»Ach, der Pont Neuf! Er ist zweigeteilt, weil er das Ende der Insel, die Île de la Cité heißt, mit den beiden Ufern von Paris verbindet.«

»Gibt es auf dieser Insel auch eine Cité? Eine Cité wie Beaugrenelle?«

»Ähm ... Nein, da gibt es den Justizpalast! Hier wird über die Leute geurteilt, es wird entschieden, ob sie ins

Gefängnis kommen, wenn sie Dummheiten angestellt haben.«

»So wie du, Papa!«

Das war Salaheddine. Mein Miniaturklon. Voller Stolz auf seinen Vater, logo.

Das Schiff fuhr weiter. Die Kinder plapperten vom Meer, auf dem man auch fahren kann. Ich erklärte ihnen den Unterschied zwischen einem Meer, einem Fluss und einem Bach. Na ja ... Bei der Sache mit der Quelle, die auf einem Berg entspringt, war ich mir nicht so sicher. Wir kamen am XV. Arrondissement vorbei, ich zeigte ihnen, wo ich gelebt hatte, als ich so klein war wie sie; es war ihnen schnurzegal.

»Und die Statue dort, die sieht aus wie die Freiheitsstatue. Aber was macht die Frau? Warum streckt sie so den Arm hoch?«

»Weil sie das Netz für ihr BlackBerry sucht ...«

Sie lachten, sie glaubten mir nicht. Ich erklärte ihnen, dass ihr Papa nicht sehr viel weiß, weil er der Lehrerin in der Schule nicht gut zugehört hat.

»Philippe, der muss es wissen! Ruf ihn doch an!«

»Monsieur Pozzo, ja, er weiß es bestimmt ...«

Ich habe zwei Väter, zwei Mütter, ein Alter Ego im Kino, schwarz wie Ebenholz, eine Ehefrau, zwei Söhne, eine Tochter. Ich habe immer Spielkameraden, Kumpels, Komplizen gehabt. Monsieur Pozzo ist vielleicht einfach ein Freund. Der erste. Der einzige.

Nachwort

Als Éric Tolédano und Olivier Nakache am Drehbuch zu ihrem Film *Ziemlich beste Freunde* saßen und mit Abdel sprechen wollten, hat er ihnen gesagt: »Reden Sie mit Pozzo, ich vertraue ihm voll und ganz.« Und als ich ihn anlässlich der Neuausgabe meines eigenen Buchs *Ziemlich beste Freunde: Das zweite Leben des Philippe Pozzo di Borgo* bat, einige Erinnerungen an unsere Erlebnisse aufzufrischen, winkte er wieder ab. Abdel redet nicht über sich. Er handelt.

Mit unvorstellbarer Energie, Großzügigkeit und Geduld hat er mir zehn Jahre lang zur Seite gestanden und mich in jeder schmerzhaften Phase meines Lebens unterstützt: Zunächst hat er mir geholfen, als meine Gattin Béatrice im Sterben lag, dann hat er mich aus dem Tief herausgeholt, das auf ihren Tod folgte, schließlich hat er mir die Lebensfreude zurückgegeben ...

In den zehn Jahren, die wir miteinander verbrachten, hatten wir einiges gemeinsam: Wir wollten beide die Vergangenheit ruhen lassen, nicht an die Zukunft denken und vor allem in der Gegenwart leben, beziehungsweise überleben. Mein Leid war so groß, dass es das Gedächtnis auslöschte; Abdel hingegen wollte nicht auf seine vermutlich bewegte Jugend zu sprechen kommen. Wir waren beide bar jeder Erinnerung. Als wir zusammen waren, habe ich von seiner Geschichte nur die wenigen Dinge erfahren, die er preisgeben wollte. Ich habe seine Zurückhaltung immer respektiert. Er wurde schnell Teil meiner Familie, doch seine Eltern habe ich niemals kennengelernt.

Nachdem Mireille Dumas 2003 in ihrer Sendung *Vie privée, vie publique* das ungewöhnliche Duo Abdel–Pozzo präsentiert hatte und dessen Geschichte sehr gut bei den Zuschauern ankam, beschloss sie, einen knapp einstündigen Dokumentarfilm über unser Abenteuer nachzuschieben: *À la vie, à la mort, In guten wie in schlechten Zeiten*. Wochenlang folgten uns zwei Journalisten auf Schritt und Tritt. Abdel hat ihnen unmissverständlich klargemacht, es komme nicht in Frage, seinen Bekanntenkreis über seine Vergangenheit auszuhorchen … Die beiden haben sich nicht daran gehalten, was ihnen Abdels rasenden Zorn einbrachte. Er wollte nicht über sich reden, und es sollte auch niemand sonst über ihn reden!

Und dann, letztes Jahr, war plötzlich alles anders. Zu meiner Verblüffung hörte ich ihn ganz offen auf die Fragen von Mathieu Vadepied antworten, dem Artdirector, der das Bonusmaterial für die DVD von *Ziemlich beste Freunde* produzierte. In den drei Tagen, die wir zusammen in meinem Haus im marokkanischen Essaouira verbrachten, habe ich mehr über Abdel erfahren als in den fünfzehn Jahren, die wir schon befreundet waren. Er war nun bereit, über sein Leben zu sprechen, sein ganzes Leben, und darüber, wie es vor, während und nach unserer Begegnung verlaufen war.

Er hat eine beachtliche Entwicklung durchgemacht. Während er sich mit zwanzig noch beharrlich darüber ausschwieg, kann er heute vergnügt von seinen Eskapaden erzählen und seine Erkenntnisse weitergeben! Abdel, du bist immer für eine Überraschung gut … Es war für mich eine Freude, sein Buch zu lesen. Ich habe darin seinen Humor wiederentdeckt, seine Lust an der Provokation, seinen Lebenshunger, seine Liebenswürdigkeit – und außerdem seine Weisheit.

Er ist der Meinung, ich hätte sein Leben verändert … Fest steht, dass er meines verändert hat. Ich kann es nur wiederholen: Er hat mich nach Béatrice' Tod aufgefangen und in mir die Freude am Leben wieder geweckt, so heiter wie hartnäckig und mit einer Herzensbildung, die ihresgleichen sucht.

Und dann hat er mich eines Tages nach Marokko mitgenommen … Dort hat er seine Frau Amal kennengelernt, während ich meiner jetzigen Gattin Khadija begegnet bin. Seither treffen wir uns regelmäßig, zusammen mit unseren Kindern. Aus den »ziemlich besten Freunden« sind »einfach Freunde« geworden.

Philippe Pozzo di Borgo

Jan Weiler

Maria, ihm schmeckt's nicht!

Geschichten von meiner italienischen Sippe
Originalausgabe

ISBN 978-3-548-26426-4
www.ullstein-buchverlage.de

»Als ich meine Frau heiratete, konnte ihre süditalienische Familie leider nicht dabei sein. Zu weit, zu teuer, zu kalt. Schade, dachte ich und öffnete ihr Geschenk. Zum Vorschein kam ein monströser Schwan aus Porzellan mit einem großen Loch im Rücken, in das man Bonbons füllt. Menschen, die einem so etwas schenken, muss man einfach kennenlernen.«

»Göttliche Geschichten. Ein unverzichtbarer Beitrag zur deutsch-italienischen Freundschaft. Und saukomisch.«
Stern

»Ein wunderbar witziges, warmherziges Buch. Wer noch keine italienischen Verwandten hat, wird nach der Lektüre unbedingt welche haben wollen.«
Axel Hacke

ullstein